PROPHETISCHE SICHT FÜR UNSERE ZEIT

(Seite 3)

und

KRISEN MIT FASTEN BEGEGNEN

(Seite 39)

Internationaler Bibellehrdienst Trostberg

Die in diesem Buch enthaltenen Texte entstammen Vorträgen von Derek Prince. Die vorliegenden Abschriften der Kassettenaufzeichnungen sind redaktionell leicht bearbeitet worden, wobei der Vortragsstil bewußt aufrechterhalten wurde.

Originally published in English under the audio recordings:
Prophetic Perspective on Today's World
Crisis Calls for Fasting

Übersetzung: W. Geischberger
Redaktion: T. Schatton
Layout/Gestaltung: Rhema D&D
Druck: Erdl Verlag, Trostberg

IBL-Deutschland
Schwarzauer Str. 56
83308 Trostberg
Telefon: 08621-64146
Fax: 08621-64147
E-mail: IBL.de@t-online.de

IBL-Österreich
Kaiserallee 8
A-2100 Korneuburg
Telefon: 02262 73046
Fax: 02262 73047
E-mail: IBL@crossnet.at

IBL-DPM-Schweiz
Bachstr. 1
CH-8952 Schlieren
Telefon: 01-738 60 80
Fax: 01-738 60 81
E-mail:
IBL-DPM@jordicom.ch

www.ibl-dpm.net

1. Auflage 2002

ISBN 3-932341-47-3

Die Bibelzitate entstammen in der Regel der revidierten Elberfelder Übersetzung; z.T. wurden sie jedoch wörtlich aus dem Englischen übersetzt.
(EÜ = Einheitsübersetzung; Luther = Lutherübersetzung 1984).

PROPHETISCHE SICHT FÜR UNSERE ZEIT

Zu Anfang möchte ich eine Passage aus 2. Petrus 1, und zwar ab Vers 16, betrachten. Petrus spricht hier von der Verheißung der Rückkehr des Herrn in Herrlichkeit. Das ist das Hauptthema und der Höhepunkt aller übrigen biblischen Prophetien. Petrus warnt uns davor, der biblischen Prophetie nachlässig oder mit Ignoranz gegenüberzustehen. Er spricht hier von der Verklärung Jesu auf dem Berg der Verklärung. Dieses Ereignis ist ein Vorgeschmack dessen, wie Jesus sein wird, wenn er in Herrlichkeit wiederkehrt. Petrus sagt: Wir erzählen euch nicht nur einfach etwas, was wir uns ausgedacht haben, sondern etwas, das wir selbst als Augenzeugen erlebt haben. Er sagt wörtlich:

> *„Denn wir haben euch die Macht und Ankunft unseres Herrn Jesus Christus kundgetan, nicht indem wir ausgeklügelten Fabeln folgten, sondern weil wir Augenzeugen seiner herrlichen Größe gewesen sind* [auf dem Berg der Verklä-

rung]. "

Das Wort, das hier für „Ankunft" verwendet wird, heißt im Original „perusia" und ist ein Wort, das im Neuen Testament speziell für die Rückkehr des Herrn in Herrlichkeit steht. Vers 17 und 18:

> *„Denn er empfing von Gott dem Vater Ehre und Herrlichkeit, als von der erhabenen Herrlichkeit eine solche Stimme an ihn erging: ‚Dies ist mein geliebter Sohn, an dem ich Wohlgefallen gefunden habe'. Und diese Stimme hörten wir vom Himmel her ergehen, als wir mit ihm auf dem heiligen Berg waren."*

Aber er sagt gleich dazu: Das ist jedoch nicht das sicherste Zeugnis zu diesem Thema! Das sicherste Zeugnis ist die Prophetie der Bibel. Weiterhin sagt er dann:

> *„Dadurch steht uns das Wort der Weissagung nun um so fester."* *(Vers 19a)*

Das Wort Gottes ist gewisser und hat mehr Autorität als das Zeugnis der Apostel. Dies trifft definitiv auf die Auferstehung zu:. In 1. Kor 15, wo Paulus die Wahrheit der Auferstehung bezeugt, bringt er als erste Bekräftigung dafür die Prophetie aus der Heiligen Schrift. Die Berichte von Augenzeugen sind erst die zweite Bekräftigung. Die Bibel hat immer mehr Autorität als irgendeine menschliche Aussage.

„Dadurch steht uns das Wort der Weissagung nun um so fester, und ihr tut Recht daran, auf dieses Wort zu achten als auf ein Licht, das an einem dunklen Orte scheint, bis in euren Herzen der Tag anbricht und der Morgenstern aufgeht."
(Vers 19)

Petrus sagt also eigentlich: Ihr tut gut daran, auf das prophetische Wort der heiligen Schrift zu achten, denn „...es ist ein Licht an einem dunklen Ort..." In einer dunklen Welt, die immer dunkler wird, ist es die einzige Lichtquelle. Würden Sie dem zustimmen? Achten Sie also die Prophetien der Bibel nicht gering.

Und er sagt hier: „...bis der Tag anbricht und der Morgenstern in euren Herzen aufgeht..." Ich kann hier leider nicht im Detail darauf eingehen, aber ich glaube, mit dem „Aufgang des Morgensterns in euren Herzen" ist nicht die Rückkehr des Herrn in Herrlichkeit gemeint. Vielmehr ist das etwas, was in unseren Herzen geschieht. Wenn wir über die Prophetien nachdenken und sie studieren, bekommen wir infolgedessen die absolute Gewissheit in unserem Herzen, dass Jesus zurückkommt. Das ist der Morgenstern. Ich bin viel herum gereist und lernte viele, viele Christen kennen und ich muss sagen, dass die meisten von ihnen den Morgenstern nicht in ihrem Herzen haben. Sie haben nicht diese begeisterte Vorfreude auf die Rückkehr des Herrn, und zwar weil sie die Prophetie gering geachtet haben.

Prophetien über die heutige Zeit

Gehen wir nun zu einigen der einfachen, grundlegenden Prophetien über die Zeit, in der wir jetzt leben, die wir im Neuen Testament finden. Der zentrale Ausgangspunkt für alle diese Prophetien sind die Worte, die Jesus auf dem Ölberg gesprochen hat, nachdem er die Zerstörung des Tempels vorausgesagt hatte. Das finden wir in drei Evangelien: Matthäus 24, Markus 13 und Lukas 21. Und jeder dieser Berichte beleuchtet eine etwas andere Perspektive. Wenn man den Gesamteindruck bekommen möchte, muss man alle drei Berichte studieren und dann das Gesamtbild betrachten. Ein Beispiel: Die Jünger haben unter anderem die Frage gestellt: Was wird das Zeichen für die Zerstörung des Tempels in Jerusalem sein? Diese Frage wird ganz konkret nur in Lukas beantwortet. Doch was die Zeichen für die Rückkehr Jesu betrifft, finden wir die konkreteste Antwort - wenn auch nicht die einzige - in Matthäus 24. Diese Voraussage ist die Aussage des größten hebräischen Propheten - und vergessen Sie nicht, dass Jesus der größte und in gewisser Hinsicht auch der letzte in einer langen Reihe hebräischer Propheten war. Er ist derjenige, in dem die gesamte prophetische Offenbarung zusammengefasst wird. Er selbst hat uns diese Betrachtung gegeben. Diese Worte Jesu kann man mit dem Rückgrat im Körper vergleichen. Wenn das Rückgrat nicht an seinem richtigen Platz ist, kann man den Körper nicht richtig zusammenbauen. Doch wenn das Rückgrat an der richtigen Stelle sitzt, kann man alle anderen Körperglieder auch an der für sie richtigen Stelle anfügen. Dieser Diskurs Jesu auf dem Ölberg ist das Rückgrat der neutestamentlichen Prophetie. Wenn man sie an der richtigen Stelle plaziert, kann man andere Dinge einpassen. Die Offenbarung wird dazupassen, viele Dinge werden dazupassen. Betrachten Sie aber nie zuerst die anderen Dinge, sondern fangen Sie immer erst bei den Voraussagen Jesu an. Werfen wir einen Blick auf Matthäus 24,1-3:

> *„Und Jesus trat hinaus und ging von dem Tempel hinweg und seine Jünger traten herzu, um ihn auf die Gebäude des Tempels aufmerksam zu machen. Er aber antwortete und sprach zu ihnen: ‚Seht ihr dies alles? Wahrlich ich sage euch, hier wird nicht ein Stein auf dem anderen gelassen werden, der nicht abgebrochen werden wird.'"*

Für die Jünger war dies eine absolut atemberaubende Aussage. Der heiligste Ort, der Ort, der ihren Glauben an den wahren Gott am meisten repräsentierte, war der Tempel in Jerusalem. Es war ein Schock für sie, zu hören, dass dieser Tempel zerstört werden würde - und von diesem Schock konnten sie sich kaum erholen. Etwas später kamen einige von ihnen zu Jesus und stellten ihm weitere Fragen darüber. Es heißt weiter:

> *„Als er aber auf dem Ölberg saß, traten sei-*

ne Jünger für sich allein zu ihm und sprachen: ‚Sage uns, wann wird das sein und was ist das Zeichen deiner Ankunft und der Vollendung des Zeitalters.'"

Eigentlich hatten sie im Grunde drei Fragen:

1. Wann wird der Tempel zerstört werden oder besser gesagt, wann wird Jerusalem zerstört werden?

2. Was wird das Zeichen deiner Wiederkunft in Herrlichkeit sein, und

3. Was wird das Zeichen der Vollendung oder des Endes des Zeitalters sein?

Ich möchte zunächst auf zwei Dinge hinweisen, die wir aus diesem Vorfall lernen können und von denen ich glaube, dass sie für uns heute sehr, sehr wichtig sind.

1. Alles, was Menschen gebaut haben und was nicht in Übereinstimmung und im Einklang mit dem Willen Gottes war, wird keinen Bestand haben. Gott hat kein Interesse daran, menschliche Bauwerke oder menschliche Institutionen zu bewahren, und wenn wir uns darauf konzentrieren und darin unsere Sicherheit suchen, werden wir desillusioniert werden.

2. Ein sehr wichtiger Punkt: Dieses gegenwärtige Zeitalter kommt zu einem vorherbestimmten Ende. Es

wird nicht bis in alle Ewigkeit fortbestehen. Wenn Sie so leben, als ob dieses Zeitalter in Ewigkeit fortbestehen würde, dann sind Sie nicht richtig im Bilde und leben nicht der Wahrheit entsprechend.

Nun zu den drei Fragen:

Was wird das Zeichen der Zerstörung des Tempels sein?

Diese Frage wird in Lukas 21,20 beantwortet:

> *Wenn ihr aber Jerusalem von Heerscharen umzingelt seht, dann erkennt, daß seine Verwüstung nahe gekommen ist!*

Dies ist im Jahre 70 n. Chr. in Erfüllung gegangen. Die römischen Armeen marschierten auf Jerusalem zu, begannen mit der Belagerung, ließen sie aber dann aus innenpolitischen Gründen in Rom eine Zeitlang fallen. Jene, die daran glaubten, dass Jesus der wahre Prophet und Messias war, ergriffen diese Gelegenheit, verließen Jerusalem und retteten ihr Leben, bevor die römischen Armeen zurückkamen und die Belagerung fortsetzten. Diese verließen diese Bühne erst, als sie die Stadt vollkommen zerstört hatten. Das ist Geschichte, das liegt in der Vergangenheit.

Doch das ist nicht die einzige Frage. Die nächste Frage lautet: Was ist das Zeichen des Endes des Zeitalters?

Ich habe eine Meinung zu diesem Thema, die ich niemandem aufzwingen möchte: Ich glaube, dass das Ende des Zeitalters nicht ein einziger Augenblick ist, sondern eine letzte, ganz konkret charakterisierte Endphase des Zeitalters. Es gibt gute Gründe, zu glauben, dass diese Zeitphase entweder sieben oder dreieinhalb Jahre lang dauern wird.

Dann die dritte Frage: Was wird das Zeichen dafür sein, dass du in Herrlichkeit wiederkehrst?

Ich möchte Sie zunächst darauf hinweisen, dass es überall in der Bibel zahlreiche Voraussagen darüber gibt, dass dieses Zeitalter auf dramatische Weise in einen Höhepunkt münden wird, und ein charakteristisches Merkmal dessen wird Zerstörung sein. Wenn Sie in Ihrem Leben nicht davon ausgehen, haben Sie den Kontakt zur Wahrheit verloren.

Betrachten wir kurz Römer 9, Verse 27 und 28. Ich möchte Sie darauf hinweisen, dass der Höhepunkt des Zeitalters immer auch einen Verweis auf das jüdische Volk beinhaltet und auf deren Rückkehr in ihr eigenes Land. Ja eigentlich ist es so, dass sich vor der Gründung des Staates Israel im Jahre 1948 keine einzige Prophetie über das Ende der Zeit erfüllen konnte. Denn all diese Prophetien gehen davon aus, dass das jüdische Volk wieder in seinem eigenen Land wohnt. Als der Staat Israel gegründet wurde, schien Gott zu sagen: Jetzt habe ich die Bühne bereitet und jetzt kann die Vorstellung weitergehen. Sie werden sehen, dass dies auch hier für diese Stelle gilt. Römer 9, 27 und 28:

> *„Und Jesaja ruft über Israel aus: Wären auch die Kinder Israels so zahlreich wie der Meeressand, so soll doch nur ein Überrest errettet werden.* [Es heißt nicht „der Überrest", sondern „ein Überrest" soll errettet werden.] *Denn der Herr wird sein Werk vollenden und in Gerechtigkeit verkürzen. Denn der Herr wird ein kurzes Werk auf Erden vollbringen."*

Die Betonung liegt hier auf Geschwindigkeit und Endgültigkeit. In einer anderen Übersetzung heißt es sogar:

> *„Denn der Herr wird sein Strafurteil auf Erden schnell und endgültig ausführen"*

Wir werden hier also gewarnt. Wenn es geschieht, wird es sehr schnell geschehen und es wird endgültig sein. Werfen wir einen Blick auf Jesaja 10, die Passage, die Paulus in Römer 9 zitiert. In Jesaja 10 Verse 21-23 richtet sich wieder das Hauptaugenmerk auf Israel:

> *„Ein Rest wird zurückkehren. Ein Rest Jakobs zum mächtigen Gott."*

Ich glaube, dass das Wort „zurückkehren" hier zwei verschiedene Bedeutungen hat. Erst einmal bedeutet es

„in ihr Land zurückkehren" - doch das ist nicht alles. Es heißt auch „zu ihrem Gott zurückkehren".

> *„Denn wenn auch dein Volk Israel wie der Sand des Meeres wäre, nur ein Überrest davon wird umkehren. Vernichtung ist beschlossen, einherflutend mit Gerechtigkeit. Denn der Herr der Heerscharen vollzieht fest beschlossene Vernichtung in Mitten der ganzen Erde."*

Ich möchte mich an dieser Stelle auf den Ausdruck „fest beschlossene Vernichtung" konzentrieren. Sie sehen, dass dieses vorherbestimmte Ende ein Element der Vernichtung in sich birgt. Ich glaube, dass diese Zerstörung mit der ersten Zerstörung des Tempels vergleichbar sein wird. Alles, was Menschen gebaut haben und was nicht in Übereinstimmung mit den Zielen Gottes ist, wird ausgelöscht werden. Gott wird einen absoluten Neuanfang schaffen.

Gehen wir nun zurück zu Matthäus 2, und betrachten wir die Ereignisse, die zum Ende hinführen. Die letzte Frage hieß ja: Was wird das Zeichen deiner Wiederkunft sein?

Jesus beantwortete diese Frage, jedoch nicht unmittelbar. Zunächst einmal beschrieb er eine Vielzahl von Anzeichen - also Zeichen in der Mehrzahl, aber nicht *das* Zeichen. Doch zum Schluss erwähnt er auch *das* Zeichen. Es ist sehr wichtig, hier diese Trennungslinie zu ziehen.

Beginnen wir in Matthäus 24,4:

„Und Jesus antwortete und sprach zu ihnen:“ Seht zu, daß euch niemand verführe.“

Jede einzelne Vorhersage über das Ende der Zeit in der Bibel beinhaltet in irgendeiner Hinsicht den Aspekt der Verführung. Die größte Einzelgefahr, die uns heutzutage droht, ist die Verführung oder Verblendung. Ich möchte eine persönliche Schlussfolgerung dazu weitergeben: Ich glaube, es gibt nur einen Aspekt in uns, der der Verblendung Tür und Tor öffnet, und das ist unser Stolz. Ich glaube nicht, dass Satan je ein anderes Tor außer dem Stolz verwendet, um Verblendung in unser Leben zu bringen. Sobald wir stolz und arrogant werden, werden wir Opfer der Verblendung. Gleichgültig, wie intellektuell wir sind, gleichgültig wie viele Bibelstellen wir zitieren können, das macht keinen Unterschied. Der einzige sichere Ort ist der Ort der Demut. Dann, in Vers 5, sagt Jesus:

„Denn viele werden unter meinem Namen kommen und sagen: „Ich bin der Christus“ und sie werden viele verführen.“

Sie dürfen nie vergessen, dass das Wort „Christus“ hier die Entsprechung des hebräischen Wortes „Messias“ ist. „Viele werden kommen und sagen: ‚Ich bin der

Christus'". Die jüdische Enzyklopädie verweist auf mehr als 40 falsche Messiasse, die auf Jesus folgten. Also ist diese Voraussage auch geschichtlich erfüllt worden.

> *„Ihr werdet aber von Kriegen und Kriegsgerüchten hören. Seht zu, erschreckt nicht, denn dies alles muß geschehen, aber es ist noch nicht das Ende.* [Dann sagt er:] *Denn es wird sich Nation gegen Nation erheben und Königreich gegen Königreich, und es werden Hungersnöte und Seuchen sein und Erdbeben da und dort."*
>
> *(Verse 6 und 7)*

Es sind also drei charakteristische Merkmale: Hungersnöte, Seuchen und Erdbeben. Die Seuchen folgen ganz natürlich auf die Hungersnöte, denn wenn die Menschen unterernährt sind, sind sie viel anfälliger für Krankheiten. Dann sagt er:

> *„All dies aber ist der Anfang der Geburtswehen."* *(Vers 8)*

Ich glaube, erst im letzten Monat war eine Konferenz in Jerusalem. Bibellehrer aus verschiedenen Nationen kamen zusammen, um über das nachzudenken, was Gott im Licht seines Wortes der Gemeinde sagt. Ich war zwar eingeladen, konnte aber nicht daran teilnehmen. Ein Konferenzteilnehmer übersandte mir eine kurze Zusammenfassung dieser Konferenz. Ein Teil davon bezieht sich ganz besonders auf diese Bibelstelle und ich möchte hier ein Stück davon zitieren. Es bezieht sich auch auf Ereignisse, die in der jüngsten Vergangenheit stattfanden. Die Zusammenfassung wurde geschrieben, bevor sich diese Ereignisse zutrugen:

„Zur Bestrafung der Nationen wird Gott zu natürlichen und unnatürlichen Mitteln greifen, die von Nation zu Nation variieren können. Vielleicht benützt Gott Hungersnöte, Krankheiten, wirtschaftliche Schwierigkeiten, innenpolitische Unruhen und Krieg. Gott benutzt die Ungerechten, um die Gerechten zu bestrafen."

Das ist das alttestamentliche Schema. Als Israel vom Kurs abwich, brachte Gott böse Nationen, die Chaldäer, die Assyrer, und ließ sie gegen Israel marschieren, doch die bösen Angreifer wurden letztendlich alle selbst vernichtet. Die Botschaft für die Gemeinde lautet:

Gürtet eure Lenden [dies bedeutet, dass wir uns bereit machen sollen], betet und sucht nach Gerechtigkeit - und seid nicht überrascht, wenn ihr seht, welche Dinge auf der Erde geschehen. [Anscheinend sind wir jetzt in dieser Zeitphase, von der der Herr spricht. Wir hören häufig von Kriegen und Kriegsgerüchten].

„Seht zu, erschreckt nicht, denn dies alles muß geschehen, aber es ist noch nicht das Ende. Denn es wird sich Nation gegen Nation erheben und Königreich gegen Königreich und es werden Hungersnöte und Seuchen sein und Erdbeben da und

dort. All dies aber ist der Anfang der Wehen.“
(Verse 6b-8)

Dieses Wort Wehen oder Geburtswehen drückt aus, worum es hier geht. All dies ist der Anfang der Geburtswehen. Wenn Sie diese Stelle genau lesen, werden Sie etwas finden, was nicht der Anfang der Geburtswehen ist. In Vers 6 ist von Kriegen und Kriegsgerüchten die Rede, aber sie sind noch kein Hinweis darauf, dass die Geburtswehen begonnen hätten. In Vers 7 sagt Jesus:

„Denn es wird sich Nation gegen Nation erheben und Königreich gegen Königreich und es werden Hungersnöte und Seuchen sein und Erdbeben da und dort. Dies alles aber ist der Anfang der Wehen.“

Was ist der Anfang der Geburtswehen? Eine Nation erhebt sich gegen eine andere, Hungersnöte, Seuchen und Erdbeben. Es gibt einige sehr wichtige und interessante Aspekte des 20. Jahrhunderts. Wir mussten zahlreiche neue Begriffe prägen, die wir vorher noch nie gebraucht hatten, z.B. das Wort „Holocaust“. Doch die progressiv voranschreitenden Ereignisse des 20. Jahrhunderts haben uns dazu veranlasst, dieses Wort „Holocaust“ zu erfinden. Oder nehmen wir das Wort „Genozid“ oder Völkermord, auch das haben wir noch nie zuvor gebraucht. Auch das Wort „Terrorismus“ hat man früher nicht verwendet. Es gibt einige ganz besonders herausragende Merkmale dieses Jahrhunderts, die man in keinem der vorangegangen findet. Auch das Wort „Weltkrieg“ haben wir vor dem 20. Jahrhundert nicht gebraucht. Ich persönlich neige zu der Anschauung, dass die beiden großen Weltkriege ein Teil der Erfüllung von Mt 24,7 darstellen, wo es heißt:

> *„...es wird sich Nation gegen Nation erheben und Königreich gegen Königreich...“*

Ich glaube, das hat auch noch eine andere Bedeutung. Ich möchte nicht näher darauf eingehen, aber der griechische Text kann auch bedeuten, dass es innerhalb der Nationen große Bürgerkriege geben wird. Wenn es heißt, es wird sich Nation gegen Nation erheben, dann kann das auch heißen, dass sich eine Nation gegen sich selbst erhebt. Ich sehe überall auf der Welt bereits die Vorzeichen. Die Menschen vertreten ihre Überzeugungen viel intensiver, viel erbitterter und viel zorniger. Sie sind immer weniger bereit, Streitigkeiten anders als durch Gewalt beizulegen. Und ich sehe, dass dies in einer Nation nach der anderen ausbricht. Gewaltige, erbitterte innenpolitische Bürgerkriege. Und ich bin nicht der Meinung, dass man hier die Vereinigten Staaten notwendigerweise ausschließen muss. Wenn man untersucht, wie sich diese Nation in den letzten 20 Jahren entwickelt hat, dann wird man sehen, wie bitter die Haltung vieler Menschen geworden ist. Die Menschen sind so feindselig geworden, dass es heutzutage schwierig ist, Versöhnung zu finden. Paulus sagt in 2. Timotheus 3, dass sich in den letzten Tagen die Menschen durch einige negative Merkmale aus zeichnen werden - und eines davon wird die Unversöhnlichkeit sein.

Es gibt keine Möglichkeiten mehr, sie zu besänftigen. Es gibt keine Möglichkeit, sich mit ihnen zu versöhnen. Ich denke, das ist einer der Faktoren, die das herbeiführen werden, worüber Jesus spricht. Doch jetzt möchte ich mich auf Vers 8 konzentrieren:

> *„All das aber ist der Anfang der Wehen/Geburtswehen“*

Nun, was sagt er uns? Er sagt uns, dass eine Geburt stattfinden wird. Wenn Sie das nicht sehen, sind Sie nicht in Übereinstimmung mit Gott. Was wird geboren werden? Das Reich Gottes auf Erden. Eine völlig neue Ordnung auf Erden wird geboren werden. Und wie wissen wir, dass die Geburt beginnt? Eben wenn wir die Geburtswehen sehen.

Vielleicht sind Sie der Meinung, dass ich hier ein sehr düsteres Bild male. Aber glauben Sie mir, ich bin noch nicht fertig.

Was würden Sie über einen jungen Mann denken, der mit einer wunderschönen Frau verheiratet ist, sie ist schwanger, die Wehen beginnen und er sagt: „O, das halte ich nicht aus. Herr Doktor, Herr Doktor, machen Sie etwas. Gebieten Sie dem Einhalt, ich will das nicht durchmachen.“ Oder was wäre, wenn die Frau sagen würde: „Herr Doktor, brechen Sie das ab.“ Der Arzt wird sagen: „Ihr seid von Sinnen. Ihr wolltet doch ein Kind, oder?“ Es gibt keine andere Möglichkeit. Babys kommen nicht anders auf die Welt. Man kann nicht eines Morgens zum Frühstückstisch gehen und es sitzt bereits ein Baby dort.

Ich möchte Ihnen nun diese Frage stellen: Wollen Sie sehen, wie das Reich Gottes auf Erden errichtet wird? Das ist die Frage. Es wird nur einen Weg dahin geben - durch eine Geburt. Wenn Sie nicht bereit sind, die Geburtswehen zu durchleiden, dann müssen Sie sich zurückziehen - falls es irgendwo einen Ort geben sollte, an den Sie sich zurückziehen können. Ich weiß, dass es im US-Bundesstaat Montana einmal Menschen gegeben hat, die sich mit Unmengen von Nahrungsmitteln in Höhlen zurückgezogen haben. Mein Kommentar dazu war immer der: „Wenn ihr dem Antichristen dadurch entrinnen könnt, dass ihr euch mit Essen aus der Dose in Höhlen versteckt, dann ist der Antichrist nicht so clever, wie er in der Bibel immer dargestellt wird.“ Es gibt keinen anderen Weg, es gibt keinen Ausweg. Es gibt nur einen Weg. Wenn Sie die Tatsache einmal begriffen haben, dass eine Geburt stattfinden wird, wird das Ihre gesamte Sichtweise, Ihre Haltung und Ihre Schwerpunkte verändern.

Viele Menschen beten für den Frieden. Das ist auch

ein herrliches Gebet - aber es ist so, als ob man für ein Baby beten würde, das man ohne Geburtswehen bekommen möchte. Es wird so nicht geschehen. Der Friede wird kommen, aber er wird so kommen, wie Gott es will. Gott hat ein Programm – welches wir ja gerade näher betrachten. Gott sagt uns: So werden die Geburtswehen stattfinden. Wir wissen alle, dass die Wehen immer öfter kommen und intensiver werden, je näher die Geburt rückt. Und auf Erden wird es ganz genauso sein. Die Dinge werden nicht leichter werden, die Spannung wird nicht nachlassen, vielmehr wird der Druck zunehmen. Je nachdem, wie Sie die Dinge sehen, sind das entweder gute oder schlechte Nachrichten. Wenn Sie nichts anderes wollen, als sicher und ungestört auf dieser Erde zu wohnen, dann sind das schlechte Nachrichten. Trotzdem ist es die Wahrheit. Doch wenn Sie nach dem Reich Gottes trachten, dann ist es eine gute Nachricht.

Sehen wir uns nun den Rest der Geburtswehen – die Folgen - an. Bitte achten Sie auf das Wort „dann“, das mehrmals in diesen Versen vorkommt. Es ist ein Wort, das hervorhebt. Nun zu Vers 9:

> *„Dann werden sie euch in Drangsal überliefern und euch töten und ihr werdet von allen Nationen gehaßt werden um meines Namens willen.“*

Wer ist „ihr“? Das sind wir Christen. Formulieren wir es anders: dann werden sie uns in Drangsal überliefern und uns töten und wir werden von allen Nationen gehasst werden um seines Namens willen. Sind Sie bereit, diese Stelle so zu lesen? Haben Sie diese Verheißung unter Ihren Karteikärtchen für Verheißungen? Ich möchte Sie wirklich herausfordern. Haben Sie den Mut, das laut auszusprechen? Wenn Sie dazu nicht bereit sind, dann sagen Sie es besser nicht. Aber soweit ich es verstehe, gibt es keinen Ausweg. Die Geburt wird stattfinden, und das sind die Geburtswehen.

> *„Dann werden sie uns in Drangsal überliefern und uns töten und wir werden von allen Nationen gehaßt werden um seines Namens willen."*

Preis dem Herrn! Das ist keine Floskel, sondern ich meine es so, wie ich es schreibe.

Betrachten wir nun weiter die Geburtswehen, Vers 10:

> *„Und dann* [Beachten Sie wieder dieses Wort ‚dann'] *werden viele verleitet werden und werden einander überliefern und einander hassen."*

Es steht außer Frage, dass sich diese Worte auf bekennende Christen beziehen. Wegen der Verfolgung werden viele ihren Glauben aufgeben, sie werden auf den anderen losgehen und ihre Haut retten, indem sie den anderen verraten.

> *„Dann* [wiederum das ‚dann'] *werden viele*

falsche Propheten aufstehen und werden viele verführen.“

Wo man eine Sekte findet, findet man auch einen falschen Propheten. Wenn es immer mehr Sekten gibt, heißt das auch, dass es immer mehr falsche Propheten gibt. Vers 12:

„Und weil die Gesetzlosigkeit überhand nimmt, wird die Liebe der meisten erkalten.“

„...wird die Liebe der meisten erkalten“ ist die korrekte Übersetzung. Sind Sie mit mir einer Meinung, wenn ich sage, dass die Gesetzlosigkeit überhand nimmt, wie es noch nie zuvor der Fall war? So, wie es das noch nie gegeben hat, seit es Nationen auf Erden gibt? Vers 13:

„Wer aber ausharrt bis ans Ende, der wird errettet werden.“

Das ist keine absolut korrekte Übersetzung. Es heißt eigentlich: „Jeder, der bis an das Ende ausgeharrt hat, der wird gerettet werden.“ Man wird nur dann gerettet werden, wenn man am Ende angelangt ist. In einer anderen Übersetzung wird dieser Vers folgendermaßen übersetzt: „Wer aber ausharrt bis ans Ende, der wird errettet werden.“ In Markus 13,13 heißt es: „Wer bis ans Ende ausgeharrt hat, der wird errettet werden.“ Die Worte sind im Endeffekt dieselben. Hier haben wir es also mit einer Inkonsequenz in der Übersetzung zu tun. Die korrekte

Übersetzung lautet: „Wer aber ausgeharrt hat bis ans Ende, der wird errettet werden.“ Sie werden erst dann errettet werden, wenn Sie am Ende angelangt sind.

Soviel zum Thema Geburtswehen. Jetzt kommen wir zu der Antwort auf die Frage: Was wird das Zeichen sein? Vers 14:

> *„Und dieses Evangelium des Reiches wird gepredigt werden auf dem ganzen Erdkreis allen Nationen zu einem Zeugnis und dann wird das Ende kommen.“*

Was ist das Zeichen des Endes? Das Evangelium des Reiches wird gepredigt werden auf der ganzen Welt allen Nationen. Mit anderen Worten: Die Initiative liegt bei uns Gläubigen. Nicht die Taten von Diktatoren, Politikern, Wissenschaftlern oder Generälen werden das Ende herbei bringen - vielmehr werden es die Taten der Gemeinde Gottes sein, denn wir sind der Leib Christi auf Erden und Gott wird seinen Leib auf Erden nie übergehen, wenn er eine Aufgabe erledigt haben möchte. Somit kommt uns einerseits eine große Bedeutung zu, aber andererseits haben wir auch eine gewaltige Verantwortung. Gott verlässt sich darauf, dass wir das tun, was notwendig ist, um das Ende herbeizuführen. Jetzt gehen wir weiter zu den Versen 15-23. Ich persönlich glaube, dass hier nicht der Endpunkt an sich, sondern der Zeitraum am Ende, eine Zeit großer Drangsal und Not, beschrieben wird.

> *„Wenn ihr nun den Greuel der Verwüstung, von dem durch Daniel, dem Propheten, geredet ist, an heiliger Stätte stehen seht - wer es liest, der merke auf! -...“* *(Vers 15)*

Das verweist auf eine Prophetie in Daniel, auf die wir in diesem Buch nicht näher eingehen können. Doch mit der „heiligen Stätte“ ist ohne jede Frage Jerusalem gemeint.

> *„...dann sollen die in Judäa auf die Berge fliehen;“* *(Vers 16)*

Sie sehen also, dass der Schwerpunkt in Israel liegt. Die Rede ist hier von Judäa, was nicht vollständig, aber doch in weiten Teilen dem Gebiet des heutigen Israel entspricht.

> *„...wer auf dem Dach ist, soll nicht hinabsteigen, um etwas aus seinem Haus zu holen;“* *(Vers 17)*

Die Häuser in diesem Teil der Welt haben Flachdächer. Man steigt über eine Außentreppe nach unten und geht nicht einmal durch die Eingangstür, um etwas aus dem Haus zu holen - so dringend ist es, zu fliehen.

> *„...und wer auf dem Feld ist, soll nicht zurückkehren, um seinen Mantel zu holen. Wehe*

aber den Schwangeren und den Stillenden in jenen Tagen! Betet aber, daß eure Flucht nicht im Winter geschehe noch am Sabbat." (Verse 18-20)

Ist das nicht ein bemerkenswertes Gebet? „Herr, wir wissen, dass wir fliehen müssen, doch bitte lass es nicht am Sabbat oder im Winter sein." Das steckt gewisse Grenzen ab, in denen wir beten können. Warum wäre es ungünstig, wenn man am Sabbat fliehen müsste? Es gibt keine öffentlichen Verkehrsmittel am Sabbat und eine große Menschenmenge, die auf einmal die Stadt verlässt, wäre sehr auffällig. Sehen Sie, wie sehr diese Worte von der Errichtung des Staates Israel ausgehen? Ohne diese Voraussetzung könnten sie sich nicht erfüllen. Dann heißt es weiter:

„...denn dann [wieder ein ‚dann'!] *wird große Drangsal sein, wie sie von Anfang der Welt bis jetzt nicht gewesen ist noch je sein wird."*
(Vers 21)

Der Druck, die Not und das Leid werden so gewaltig sein, wie es noch nie zuvor in der Geschichte der Menschheit der Fall war und auch nie wieder der Fall sein wird. Wenn Sie sich erinnern, was in Europa während des Holocaust geschah und daran denken, dass etwas kommen wird, das noch schlimmer ist... - darüber lohnt es sich nachzudenken. Vers 22:

„Und wenn jene Tage nicht verkürzt würden,

so würde kein Fleisch gerettet werden; aber um der Auserwählten willen werden jene Tage verkürzt werden."

Wie lange es auch dauern wird (sagen wir einmal sieben Jahre) - Gott wird die Zeit verkürzen, um einen Rest zu bewahren. Dieses Wort „verkürzen" wird im heutigen Griechisch verwendet, wenn man einem Hund den Schwanz abschneidet. Das ist die Bedeutung dieses Wortes: Das allerletzte Stück wird abgeschnitten. So sieht es aus.

Dann warnt Jesus seine Jünger:

„Wenn dann jemand zu euch sagt: Siehe, hier ist der Christus, oder dort! so glaubt es nicht."
(Vers 23)

Das ist die Lehre der Zeugen Jehovas: Jesus sei bereits gekommen und wohne im 20. Stock eines Hochhauses in New York. Wenn sie bei Ihnen an der Haustür klingeln, sagen sie Ihnen das nicht, doch wenn man beitritt, wird einem das erzählt. Treten Sie also nicht bei.

Jetzt gehen wir auf den Höhepunkt zu. Vers 29:

„Aber gleich nach der Drangsal jener Tage..."

Beachten Sie, dass zwischen der Drangsal und dem, worüber Jesus jetzt spricht, kein langer Zeitraum liegt.

Manche haben die Drangsal so interpretiert, dass damit die Zerstörung Jerusalems im Jahre 70 gemeint sei. Das ist jedoch unsinnig, denn seither sind 19 Jahrhunderte vergangen; das kann man wirklich nicht als „gleich danach“ bezeichnen.

> *„Aber gleich nach der Drangsal jener Tage wird die Sonne verfinstert werden und der Mond seinen Schein nicht geben, und die Sterne werden vom Himmel fallen...“*

Ich möchte Sie auf etwas hinweisen: Wenn das Wort Himmel in der Einzahl steht, entspricht es dem sichtbaren Himmel, dem Firmament. Wenn es im Plural steht, ist der gesamte Himmel damit gemeint.

> *„...die Sterne werden vom Himmel fallen und die Kräfte der Himmel* [jetzt steht es im Plural, das geht über das Firmament hinaus; das sind alle Mächte dort oben] *werden erschüttert werden.“*

In der Bibel gibt es viele verschiedene Voraussagen darüber, dass die Sonne nicht mehr scheinen wird, dass der Mond blutrot werden wird und dass die Sterne vom Himmel fallen. Man findet sie in Joel, in Jesaja und mehrfach in der Offenbarung. Ich denke, es scheint vernünftig zu sagen, dies werde nur einmal geschehen. Man kann sich auch schwer vorstellen, wie das wiederholt werden könnte. Jedes Mal, wenn man eine Voraussage darüber liest, weiß man, dass sie sich auf ein und dieselbe Zeitphase bezieht. In der Offenbarung steht nicht, das würde mehrmals geschehen; vielmehr betrachtet sie ein und dasselbe Ereignis aus verschiedenen Blickwinkeln - einer nach dem anderen. Vers 30:

> *„Und dann wird das Zeichen des Sohnes des Menschen am Himmel erscheinen; und dann werden wehklagen alle Stämme des Landes, und sie werden den Sohn des Menschen kommen sehen auf den Wolken des Himmels mit großer Macht und Herrlichkeit.“*

Das ist der Höhepunkt. Es gibt keinen anderen. Wir haben viel zu tun, aber wir können den Platz Jesu nicht einnehmen, wenn er zurückkommt. Er wird Dinge tun, die niemand anderer tun kann.

> *„Und er wird seine Engel aussenden mit starkem Posaunenschall, und sie werden seine Auserwählten versammeln von den vier Winden her, von dem einen Ende der Himmel bis zu ihrem anderen Ende.“*

Darauf wird in Jesaja 27 Bezug genommen. Die Auserwählten sind diejenigen, die Gott erwählt hat. Gott wird sie in all diesem Leid und Aufruhr bewahren. Letztlich entscheidet Gott, was geschehen wird, und nicht wir. Heutzutage ist diese Sichtweise dem durchschnittlichen Christen überhaupt nicht vertraut. Paulus sagt, es gehe nicht darum, was jemand will oder wohin jemand läuft, sondern darum, wofür Gott sich entscheidet. Wissen Sie, warum Sie errettet worden sind? Nicht, weil *Sie* eine Wahl getroffen haben, sondern Gott. Wenn Sie glauben, das hänge von Ihrer Entscheidung ab, dann liegen Sie völlig falsch. Sie mussten reagieren, doch Gott hat ursprünglich eine Wahl getroffen. Jesus sagte zu den Aposteln: Nicht ihr habt mich erwählt; ich habe euch erwählt. Die meisten Christen müssen ihr Denken hier völlig neu orientieren. Wir behandeln Gott wie einen besseren Vasallen, einen Hofdiener. Wenn wir ihn brauchen, rufen wir ihn. Er ist aber kein Butler. Er ist auch kein Geschenkautomat. Er ist souverän. Die Heilige Schrift sagt: „**Nach seinem Willen** hat er uns durch das Wort der Wahrheit geboren, damit wir gewissermaßen eine Erstlingsfrucht seiner Geschöpfe seien.“ Das Baby sagt nicht zum Vater: „Zeuge mich!“ Es entsteht, weil der Vater es gezeugt hat. Wer hat eine Wahl getroffen? Wessen Entscheidung war es, dass Sie von Ihren Eltern geboren wurden? Ihre? Oder die Ihrer Eltern? Die Antwort ist eindeutig.

Solange wir unser Denken nicht mit Gott in Übereinstimmung bringen können, werden wir auf das, was vor uns liegt, nicht vorbereitet und nur schlecht ausgerüstet sein.

Unsere Reaktion

Abschließend möchte ich über unsere angemessene Reaktion sprechen. Wenn Sie glauben, dass die Bibel das, was sie sagt, wirklich ernst meint, dann ist es kaum möglich, das zu bestreiten, was ich gesagt habe. Es ist absolut klar und konkret. Zweifel ist hier Fehl am Platz. Jesus wollte keinen Zweifel offen lassen und keinen Raum für verschiedene Interpretationsmöglichkeiten geben. Wir werden mit diesen Fakten konfrontiert. Wir werden auch mit der Weltsituation konfrontiert, die bereits viele Hinweise auf die Zeichen des Endes liefert. Noch nicht alle, aber viele. Ich kann in diesem Buch nicht auf die Details eingehen.

Wie sollten wir reagieren? Ich möchte drei Dinge vorschlagen. Betrachten wir Lukas 21, der Parallelstelle zu Matthäus 24. Im Grunde sagt Jesus in Lukas 21 dasselbe wie in Matthäus 24. Dort ist es anders angeordnet und die Schwerpunkte liegen anders, doch im Grunde ist es dasselbe. Lukas 21,28:

„Wenn aber diese Dinge [diese Dinge sind die Geburtswehen] *anfangen zu geschehen* [was sollen Sie dann tun? Ein Versteck suchen oder Gott bitten, er möge es sich noch einmal überlegen?] *...so blickt auf und hebt eure Häupter empor, weil eure Erlösung naht."*

Das unterscheidet die Männer von den Jungen. Ihre Reaktion auf das, was ich hier schreibe, bestimmt, ob

Sie sich wirklich auf die Rückkehr des Herrn freuen oder nicht. Wenn Sie sich freuen, sind Sie aufgeregt und glücklich. Wenn nicht, werden Sie sich fürchten. Lassen Sie Ihre innere Einstellung vom Wort Gottes analysieren. Die Bibel sagt, wir sollen voll gespannter Ungeduld auf seine Rückkehr warten. Er kehrt zurück für jene, die auf ihn warten. Vielleicht müssen Sie noch erweckt werden. Vielleicht warten Sie noch nicht darauf. Vielleicht glauben Sie, dass bis in alle Ewigkeit alles so wie bisher weitergehen wird. Vielleicht haben Sie es sich in diesem gegenwärtigen Weltsystem gemütlich gemacht. Doch es ist nicht die Heimat eines wahren Christen. Hier haben wir keine bleibende Stadt. Wir suchen nach der kommenden. Dort werden die Menschen voneinander geschieden.

Wenn Sie sich nicht auf die Rückkehr des Herrn freuen, dann möchte ich Ihnen sagen, dass Sie sich nach seinem Kommen sehnen werden, wenn all diese Dinge geschehen sind. Gott hat Mittel und Wege, Ihre Haltung zu ändern. Solange Sie einen netten, einfachen Job haben und von 8:00 bis 17:00 Uhr ins Büro gehen; wenn Sie ein Auto haben und ein schönes Zuhause und von Zeit zu Zeit etwas spenden und beten - warum sollten Sie begeistert sein, wenn Sie an Jesu Wiederkunft denken? Doch wenn einige von den oben beschriebenen Dingen anfangen, werden Sie sagen: „Gott, wir brauchen Jesus und wir brauchen ihn schnell!“ Ich danke Gott, dass er mir das sehr real vor Augen gestellt hat - ich weiß ohnehin, dass ich Jesus brauche. Gleichgültig, wie mich diese Welt behandelt, gut oder schlecht, sie ist nicht mein Zuhause, sie ist nicht mein Ruheort. Meine Hoffnung beruht nicht auf irdischen Dingen. Meine Hoffnung ist die Rückkehr des Herrn in Herrlichkeit. Der Morgenstern ist in meinem Herzen aufgegangen - doch erst, nachdem ich mir die Prophetien der Bibel angeschaut habe.

Ich kann darüber predigen; doch ich kann es nur glauben, wenn ich im Wort Gottes lebe. Wenn ich mich zu sehr mit anderen Informationsquellen beschäftige, verblasst die Realität der Wiederkunft Jesu. Ich kann der Lehre nach wie vor glauben, doch das ist nicht der Morgenstern in meinem Herzen.

Was ist also unsere erste Reaktion? Ich habe hier „Erkennen und Freuen“ geschrieben. Erkennen Sie den Anfang der Geburtswehen und sagen Sie: „Preis dem Herrn, das Baby ist unterwegs!“ Die zweite Reaktion: Unsere Aufgabe beenden:

> *„Und dieses Evangelium des Reiches wird gepredigt werden auf dem ganzen Erdkreis allen Nationen zu einem Zeugnis und dann wird das Ende kommen.“* *(Mt 24,14)*

Das ist die oberste Priorität der Gemeinde Christi hier auf Erden. Vor vielen Jahren, als unsere Pflegetochter Jessika geboren wurde, war ich in Kenia, ihrem Geburtsland. Ich war Leiter einer Ausbildungsstätte für afrikanische Lehrer. Ich hatte ein kleines Auto, einen Morris, auf den ich sehr stolz war. Ich fuhr damit in die nächste Stadt, nach Kisumo, und brachte es in die Werkstatt zum Kundendienst. Es musste Einiges repariert werden. Ich hatte eine Liste von Dingen, die ich in der Stadt erledigen musste, während mein Wagen repariert wurde. Doch als ich aus der Werkstatt kam, sagte der Herr zu mir: „Nicht nur dein Auto, sondern auch du brauchst eine Generalüberholung." Ich sagte, „Herr, das stimmt, ich brauche eine Ölung." Also ließ ich alles sein, was ich tun wollte und ging ungefähr einen Kilometer zum Ufer des Viktoriasees, dem zweitgrößten Binnensee der Erde, an einen sehr schönen Platz. In einer Atmosphäre großer Ruhe setzte ich mich am Ufer nieder. Ich zog meine Taschenbibel heraus und wollte irgend etwas lesen. Willkürlich öffnete ich Matthäus 24,14, und es war so, als ob auf der Seite nichts anderes stehen würde. Es war so, als ob die Worte im Himmel geschrieben standen und sich im See widerspiegelten: „Und dieses Evangelium des Reiches wird gepredigt werden auf dem ganzen Erdkreis allen Nationen zu einem Zeugnis und dann wird das Ende kommen." Und Gott sagte im Stillen zu mir: Das ist die oberste Priorität für mein Volk.

Damals war ich im Bildungswesen tätig und hatte eine Verpflichtung. Aber ich sagte zum Herrn: „Wenn das, was ich tue, nicht voll und ganz in Übereinstimmung mit deinen Prioritäten steht, dann möchte ich, dass du mich wieder auf Kurs bringst. Ich möchte, dass mein

Leben in Übereinstimmung mit deinen Prioritäten ist.“ Das betete ich vor mehr als 30 Jahren.

Heute kann ich zur Ehre des Herrn sagen: Mein Leben ist in Übereinstimmung mit seinen Prioritäten. Es dauerte mehr als 20 Jahre, bis Gott mich dorthin brachte. Sie können ein Gebet sprechen und es dauert womöglich ziemlich lange, bis Gott es erhört. Doch heute lebe ich nach Matthäus 24,14. Ich atme es, ich denke es, ich bete es; das ist die Triebfeder meines Dienstes. Ich möchte zur Ehre des Herrn sagen: Gott gibt uns in DPM die Möglichkeit, dies zu erfüllen und allen Nationen das Evangelium des Reiches zu verkündigen. Wir möchten wirklich die ganze Erde mit dem Evangelium erreichen.

Deshalb gingen wir zum Beispiel auch nach Pakistan. Neun Tage lang haben wir eigentlich nichts anderes getan, als das Evangelium des Reiches in diesem Land voller fanatischer Moslems zu proklamieren.

Was ist unsere Aufgabe? Das Evangelium des Reiches allen Nationen zu predigen. Und wir haben nicht viel Zeit. Die Zeit drängt.

In Offenbarung 6 gibt es das Bild von den vier Reitern der Apokalypse. Das erste Pferd war weiß. Weiß bedeutete Sieg. Es ging aus, um zu siegen. Darauf folgte ein rotes Pferd. Sein Reiter trug ein großes Schwert. Rot bedeutet Blutvergießen und Bürgerkrieg. Das dritte hatte eine Waage in der Hand und das Bild spricht von

Knappheit und Rationierung aller Dinge, die zum Leben notwendig sind. Das vierte war ein fahles Pferd. Sein Reiter hieß „Tod“. Und ein Viertel der Erdbewohner ging zugrunde - durch Hunger und Krieg und Tod und Krankheit. Das nächste Bild sind die Märtyrer unter dem Altar, die rufen: „Wie lange, Herr, dauert es noch, bis du rächst unser Blut an denen, die auf der Erde wohnen!“ Das sechste Bild ist der Höhepunkt: Sonne und Mond vergehen, die Sterne fallen vom Himmel und alle Menschen auf Erden rufen: „Verbergt uns vor dem Angesicht dessen, der auf dem Thron sitzt, und vor dem Zorn des Lammes.“ Haben Sie schon einmal darüber nachgedacht, wie unnormal es ist, dass ein Lamm zornig ist? Wenn das Lamm zornig wird, dann geben Sie acht! Es ist so geduldig, so liebevoll, so freundlich - aber es kommt ein Tag, an dem seine Geduld zu Ende ist. Und diese Menschen schrieen zu den Bergen: „Fallt auf uns, damit wir Gott nicht begegnen müssen!“

Zurück zu den ersten vier Reitern. Nummer zwei, drei und vier bezeichnen schreckliche Zeiten auf Erden. Doch ich glaube das erste Pferd, das weiße, ist das Evangelium. Und ich glaube, dass das Evangelium all dem Bösen, das kommen wird, vorangehen muss. Ich glaube, wir müssen die Menschen mit dem Evangelium erreichen, bevor all diese schrecklichen Dinge geschehen. Wenn wir das versäumen, haben wir an Gott und am Menschen vorbeigelebt.

In Offenbarung 14 finden wir ein Bild von Jesus auf einer Wolke, wie er eine Sichel in Händen hält. Und der Engel ruft: „Bring die Ernte auf Erden ein! Denn die Ernte ist reif“ Im Griechischen heißt es hier „trocken“. Die Erntezeit ist gekommen. Und es heißt, Jesus schwang seine Sichel und die Ernte auf Erden wurde eingebracht.

Dann kam ein anderer Engel, der Macht über das Feuer hatte und sagte: „Lies die Trauben des Zorns“. Und die Sichel wurde das zweite Mal geschwungen, und die Trauben des Zorns wurden überall auf Erden geerntet, in die Kelter geworfen und getreten bis das Blut herauskam, so hoch, dass es bis zu den Zügeln der Pferde reichte - und zwar auf einer Fläche von 350 Quadratkilometern! Glauben Sie, das sei bildlich gemeint? Ich nicht!

Als erstes kommt die Ernte der Gnade, dann die Ernte des Gerichts. Deshalb können wir uns nicht zurücklehnen und sagen: „Es ist noch so viel Zeit! Die Zeiten sind doch gar nicht so schlecht, wie die Leute immer sagen.“ Die Zeiten sind deshalb nicht so schlecht, weil Gott uns eine Gelegenheit gibt, den Reitern auf dem roten, dem schwarzen und dem fahlen Pferd vorauszueilen. Unsere Aufgabe brennt unter den Nägeln. Wir haben keine Zeit zu verlieren.

Zur letzten praktischen Anwendung möchte ich zwei Passagen aus Johannes betrachten, die dieselben Gedanken verfolgen. Jesus sagt in Johannes 9,4:

„Wir müssen die Werke dessen wirken, der mich gesandt hat, solange es Tag ist; es kommt die Nacht, da niemand wirken kann.“

Ich glaube das. Ich glaube, dass eine Nacht kommen wird, in der wir nicht mehr arbeiten können. Dann wird es zu spät sein um zu sagen: Herr, ich verkündige jetzt das Evangelium. Wenn die Nacht kommt, wird es unmöglich sein. Johannes 12,35:

„Da sprach Jesus zu ihnen: Noch eine kleine Zeit ist das Licht unter euch; wandelt, während ihr das Licht habt, damit nicht Finsternis euch ergreife. Und wer in der Finsternis wandelt, weiß nicht, wohin er geht.“

Ich glaube, das ist die Wahrheit. Ich glaube, dass wir das Licht nur noch eine kleine Weile haben werden. Wir haben gerade genug Zeit, um die Aufgabe zu erledigen. Wir haben keine Zeit zu verschwenden. Wir haben keine Zeit, uns ausschließlich mit uns selbst zu beschäftigen. Wir haben keine Zeit für leere Worte, keine Zeit für Torheit, sondern gerade genug Zeit, um die Aufgabe zu erledigen. Ich glaube, dass dieses Evangelium vom Reich überall in der Welt gepredigt werden wird, und zwar, weil Jesus es gesagt hat.

Die Frage ist: Wie gehen wir damit um? Was werden Sie persönlich tun? Was werde ich tun? Ich habe mich bereits entschlossen. Ich werde alles tun, was in meiner

Kraft steht, um dieses Gebot zu erfüllen. Auch wenn Sie nicht an die prophetischen Erkenntnisse glauben, die ich Ihnen zu vermitteln versucht habe, so ist es dennoch ein einfaches Gebot vom Herrn: **„Geht hinaus in alle Welt und verkündigt das Evangelium jeder Kreatur!"** Das wurde niemals widerrufen. Das gilt heute noch genau so wie damals, als Jesus es sagte. Wissen Sie, wessen wir schuldig sind? Soll ich es Ihnen mit einem Wort sagen? Ungehorsam! Möge Gott uns die Gnade geben, Buße zu tun. Ich glaube, das ist ein Bereich, dem wir uns noch nie wirklich gestellt haben, nämlich dass wir nicht hingegeben sind, wenn es darum geht, das Evangelium des Reiches allen Nationen zu bringen.

Sie sagen vielleicht: „Ich warte solange, bis es etwas leichter wird." Aber es wird nicht leichter werden! Wenn Sie zu Matthäus 24,13 zurückgehen, werden Sie feststellen, dass es heißt: „Ihr werdet von allen Nationen gehasst werden! Viele werden abfallen. Es wird viele falsche Propheten geben." Und in diesem Zusammenhang heißt es: „Und dieses Evangelium des Reiches wird gepredigt werden auf dem gesamten Erdkreis." Gott wird es nicht leicht machen, aber er wird es möglich machen!

Wie lautet Ihre Entscheidung?

Auf welcher Seite wird man Sie finden?

Wie werden Sie reagieren?

KRISEN MIT FASTEN BEGEGNEN

Der Prophet Joel gibt uns einen Überblick über das Wirken Gottes in der Endzeit und die Wiederherstellung seiner beiden Völker. In der charismatischen Erneuerung wird eine Bibelstelle immer und immer wieder zitiert, nämlich Joel 3,1:

„Und danach wird es geschehen, dass ich meinen Geist ausgießen werde über alles Fleisch."

Ich nehme an, dass Christen in aller Welt diese Bibelstelle zitieren und sagen: „Genau das geschieht in unserer Zeit. Gott fängt jetzt an, seinen Geist über alles Fleisch auszugießen, über jede Schicht der Menschheit."

Dennoch hat Gott mir die Augen für die Tatsache geöffnet, dass er zwar einerseits in souveräner Art und Weise verheißt, seinen Geist auszugießen - und ich glaube, dass er das auch tun wird -, dies jedoch andererseits auch wieder ein Beispiel dafür ist, dass seine Verheißung zwar feststeht, er aber trotzdem von uns verlangt, die dazugehörigen Bedingungen zu erfüllen. Dasselbe gilt für die Verheißung in Jeremia 29, die Daniel in Anspruch nahm, aber eben auch die dazugehörige Bedingung erfüllen musste. Oder er verheißt in Hesekiel 36, er werde Israel wieder herstellen, sagt jedoch im 37. Vers:

> *„So spricht der Herr, Herr: Auch noch darin werde ich mich vom Haus Israel bitten lassen, es für sie zu tun."*

Seine Verheißung steht fest, aber er fordert trotzdem, dass sein Volk die Bedingungen erfüllt.

Dasselbe gilt auch hier für Joel 3,1. Die Verheißung steht fest:

> *„Und danach wird es geschehen, dass ich meinen Geist ausgießen werde über alles Fleisch."*

Doch wenn wir uns die vorangehenden Verse betrachten, stellen wir fest, dass dort mit allergrößtem Nachdruck eine Bedingung formuliert wird. Die Bedingung lautet, dass Gottes Volk im Fasten und im Gebet zusammenkommt, um seine Verheißung und Gnade in Anspruch zu nehmen. Und ich glaube, dass wir erst dann in die ganze Fülle der Erfüllung der Verheißung Gottes bezüglich der Ausgießung des Heiligen Geistes in der Endzeit eintreten werden, wenn wir seine Bedingung erfüllen.

Ich möchte diese Passage kurz näher betrachten und Ihnen dabei zeigen, dass diese Bedingung in den vorangehenden Versen dreimal formuliert wird. Joel 1,12. Das ist eine Art Einführung:

> *„Der Weinstock ist vertrocknet* [das ist die Gemeinde] *und der Feigenbaum verwelkt* [das ist Israel]. *Granatbaum, auch Dattelpalme und Apfelbaum, alle Bäume des Feldes sind vertrocknet."*

Interessanterweise zitiert Jesus diesen Vers in Lukas 21,29, wenn er sagt:

> *„Seht den Feigenbaum und alle Bäume..."*

Vielleicht ist es Ihnen gar nicht aufgefallen, dass er sich hier tatsächlich auf Joel 1,12 bezieht. Jesus wusste, dass alle Bäume des Feldes vertrocknen würden, aber er sagt auch, dass eine Zeit kommen werde, in der sie wieder treiben und ausschlagen werden. Das ist die Zeit, von der wir sprechen.

Dann heißt es weiter in Joel:

> *„Ja, vertrocknet ist die Freude, fern von den Menschenkindern."*

In der Zeit der Öde und Trockenheit gibt es keine Freude. Und weil die Freude am Herrn unsere Kraft ist, hat das Volk Gottes auch keine Kraft. Es ist schwach und ineffektiv.

„Heiligt ein Fasten!“

Doch dann erklärt Gott vor diesem Hintergrund der Öde und Trockenheit durch den Propheten Joel, wie das göttliche Gegenmittel aussieht. Vers 14:

> *„Heiligt ein Fasten, ruft einen Feiertag aus! Versammelt die Ältesten, alle Bewohner des Landes, zum Haus des Herrn, eures Gottes, und schreit zum Herrn um Hilfe!“*

Heiligt ein Fasten. „Heiligen“ bedeutet „absondern“. Mit dem Begriff „Feiertag“ ist ein Tag oder ein Zeitraum oder ein Ort gemeint, der zu einem speziellen göttlichen Zweck abgesondert ist. Das geschieht nicht nebenbei oder überstürzt; das ist nichts, was schlecht durchdacht wäre.

Das wurde in den USA zum Teil dadurch erfüllt, dass Senator Hathfield in einer Resolution den 30. April zu einem Tag der nationalen Demütigung, des Gebets und Fastens absonderte. Das Wort „heiligen“ bedeutet, wie gesagt, „absondern“. Gott verlangt, dass wir uns an diesem speziellen Tag so weit wie möglich der einen Sache widmen, die absoluten Vorrang hat und absolut notwendig ist, nämlich der Buße und der Suche nach Gott.

Gehen wir zu Joel 2,12. Angesichts der kritischen Situation sagt Gott:

„Doch auch jetzt, spricht der Herr, kehrt um zu mir mit eurem ganzen Herzen [was ist damit gemeint?] *und mit Fasten und mit Weinen und mit Klagen!"*

Es gibt zwei Arten von Klage. Das Klagen des Unbekehrten und des Ungläubigen, das ohne Hoffnung ist. Es ist tragisch, die hoffnungslose Trauer der Verlorenen mitanzusehen. Aber es gibt noch eine andere Art Klage und Trauer, von der Jesus sprach, als er sagte:

„Glückselig die Trauernden, denn sie werden getröstet werden."

Und in Jesaja 61,3 heißt es:

„Der Geist des Herrn... ist auf mir... den Trauernden Zions Frieden, ihnen Kopfschmuck statt Asche zu geben, Freudenöl statt Trauer, ein Ruhmesgewand statt eines verzagten Geistes..."

Diese Trauer in Zion, von der hier die Rede ist, ist kein ichbezogener, persönlicher Kummer, sondern eine tiefe Zerschlagenheit und Buße über den schrecklichen Zustand des Erbes und des Volkes Gottes. Diese Art Trauer wird von einem speziellen Segen begleitet: „Glückselig die Trauernden, denn sie werden getröstet werden." Gott fordert sein Volk auf, ihn mit ganzem Herzen zu suchen, mit Fasten, mit Weinen und mit Klagen.

Dann, etwas später, in Joel 2,15, finden wir die eindringlichste Erklärung überhaupt; sie beginnt mit dem Ruf:

> *„Blast das Horn auf Zion..."*

Das Hornblasen ist die öffentlichste Form von Proklamation, die überhaupt unter Gottes Volk gemacht werden kann.

> *„...heiligt ein Fasten, ruft einen Feiertag aus! Versammelt das Volk..."*

Beachten Sie, welches Gewicht darauf gelegt wird, dass sich das Volk versammelt. Das ist eine Situation, in der wir in Uneinigkeit zugrunde gehen, wenn wir uns alle, jeder für sich, in seinem Gebetskämmerchen verstecken. Gott verlangt, dass wir einen Tag und einen Ort absondern, dass wir fasten und dass wir uns versammeln. Das sind seine elementaren Forderungen. Sich-Versammeln ist ein wesentlicher Teil dessen, was Gott von uns verlangt.

> *„...bringt die Ältesten zusammen, versammelt die Kinder...* [Vers 17:] *Die Priester, die Diener des Herrn, sollen weinen zwischen Vorhalle und Altar..."*

Wenn man diese drei Passagen studiert, sieht man, dass das ganze Volk Gottes daran teilnimmt, sogar die Kinder. Ich kenne eine Familie, die außergewöhnliche und wunderbare Gebetserhörungen erlebt hat. Ein Vater, eine

Mutter, ein Junge im Teenageralter und zwei Jungen unter 10. Wenn diese Familie fastet, fastet jedes Familienmitglied mit - auch die kleinen Jungen. Und durch ihr Fasten sind mit die gewaltigsten und wunderbarsten Gebetserhörungen zustande gekommen, die ich kenne.

In den eben gelesenen Versen wird auch ganz speziell von den Leitern im Volk Gottes gesprochen. Es tauchen die Worte „Älteste", „Priester" und „Diener" auf. Und Leiter haben die Verpflichtung zu leiten.

Ich weise im englischsprachigen Kulturkreis manchmal darauf hin, dass die King James Bibel etwas voreingenommen ist, weil sie den Sachverhalt manchmal so formuliert, als stünden die Leiter des Volkes Gottes über dem Volk Gottes. Das sieht man besonders in Apostelgeschichte 20,28, wo Paulus in der King James Version zu den Ältesten sagt:

> *„Habt acht auf euch selbst und auf die ganze Herde, [**über**] welche der Heilige Geist euch als Aufseher gesetzt hat..."*

Doch im Griechischen heißt es „in welcher" und nicht „über welche". An anderer Stelle heißt es in der King James Bibel: „Gehorcht denen, die **über euch** herrschen..." Doch die Stelle lautet eigentlich: „...denen, die euch vorstehen...". Leiter stehen im Neuen Testament nicht über, sondern vor der Gemeinde. Gerade in der heutigen Zeit hat geistliche Leiterschaft eine gewaltige Verantwortung.

Ich unterhielt mich einmal mit dem Leiter einer geistlichen Gruppierung und er sagte zu mir: „Bruder Prince, ich muss laufen, um mit den Leuten mithalten zu können, die ich leiten soll.“ In der Oper von Gilbert und Sullivan gibt es ein kleines Gedicht über den Herzog von Plaza Toro. Es lautet:

Der Herzog von Plaza Toro, der seine Truppen von hinten aus führte,
Und dies als weniger aufregend verspürte.
Doch als sein Regiment in seine Richtung zu fliehen begann,
Der Herzog sich ganz vorne wieder fand.

Es gibt Leiter, die leiten von hinten: bis der Rückzug beginnt - dann sind sie ganz vorne. Doch das ist nicht das göttliche Vorbild für Leiterschaft. Jeder von uns, der geistliche Leiterschaft ausübt, ist herausgefordert.

Jesus nahm elf seiner Jünger mit zum Garten Gethsemane. Drei davon nahm er noch etwas weiter mit als die anderen acht. Und dann heißt es: Er selbst ging noch ein Stück weiter. Es steckt so viel in diesem „ein Stück weiter gehen“. Und indem er ein Stück weiter ging, errang er den Sieg im Garten, der ihm den Sieg am Kreuz bereitete.

Gott sagt also dreimal: „Heiligt ein Fasten! Ruft einen Feiertag aus!“ Ich denke, wir müssen die Verheißungen, die in diesen Kapiteln folgen, in der richtigen Reihenfolge betrachten. Gehen wir weiter zu den Verheißungen.

Verheißungen

Gott sagt in Joel 2,25:

„Und ich werde euch die Jahre erstatten, die die Heuschrecke, der Abfresser und der Vertilger und der Nager gefressen haben, mein großes Heer, das ich gegen euch gesandt habe.“

Beachten Sie, wie gewaltig die Verheißung Gottes ist. Er sagt nicht nur, er werde die Eindringlinge vertreiben; er sagt vielmehr, er werde wiederherstellen, was diese gefressen haben. Ist das etwa keine gute Nachricht?!

In einem Treffen der Geschäftsleute des vollen Evangeliums kam eine Frau zu mir und wollte Gebet. Sie wurde von einer Freundin geführt. Ich denke, sie hatte nicht allzu viel von dem, was dort ablief, mitbekommen. Sie bot einen Mitleid erregenden Anblick. Sie war halbseitig gelähmt - das linke Bein, der linke Arm und auch die Gesichtsmuskulatur. Ihr Gesicht war verzerrt und sie konnte nicht lächeln. Ich betete für sie und spürte, wie Gottes Gegenwart und Kraft über sie kam. Ich trat zurück und tat nichts weiter. Zehn Minuten lang stand eine kleine Gruppe von uns rund um diese Frau herum und sah zu, wie Gott sie sichtbar heilte. Nach den zehn Minuten konnte sie ihr linkes Bein und ihren linken Arm gebrauchen und zum ersten Mal seit zehn Jahren lächelte sie. Die Frau, die sie geführt hatte, sagte zu ihr: „Weißt du überhaupt, dass du in den zehn Minuten zehn Jahre jünger geworden bist?" Das stimmte. Sie hatte durch die Krankheit zehn Jahre ihres Lebens verloren. Das nenne ich „die Jahre erstatten"! Preis dem Herrn.

Wenn Sie so wie ich schon zum zweiten Mal 25 geworden sind, fangen Sie damit an, einige Verheißungen der Bibel wertzuschätzen, die Ihnen früher gar nicht aufgefallen sind. In Psalm 103,3 heißt es:

> *„Der da vergibt alle deine Sünde, der da heilt alle deine Krankheiten."*

Aber ich lebe gerne in Psalm 103, Vers 5, wo es heißt:

> *„Der mit Gutem sättigt dein Leben. Deine Jugend erneuert sich wie bei einem Adler."*

Darin lebe ich. Ich bin über die Notwendigkeit bloßer Heilung hinaus. Und ich stelle fest, dass dies eine von sechs Segnungen ist, die jedem Kind Gottes auf der Grundlage der Erlösung verheißen sind. Ich bin der festen Überzeugung, dass die Kinder Gottes nicht in der Art und Weise alt werden müssen wie es die Menschen in der Welt tun. Und sie brauchen auch nicht an einer Krankheit zu sterben.

Der presbyterianische Pastor Jim Brown predigte in seiner Gemeinde eines Tages über Heilung. Am Ende des Gottesdienstes sagte eine der Frauen in seiner Gemeinde: „Reverend Brown, glaubst du etwa nicht, dass du einmal wirst sterben müssen? Ich glaube, dass ich werde sterben müssen.“ Damit wollte sie sagen, dass sie davon ausgehe, einmal todkrank zu werden. Jim Brown antwortete: „Schwester, sterbe gut.“ Ich glaube, dass dieses „Nicht an einer Krankheit sterben müssen“ Teil dessen ist, was Gott vorgesehen hat.

Man muss in der Bibel wirklich lange suchen, um ein Kind Gottes zu finden, das an einer Krankheit starb. Ein Beispiel wäre Elisa. Das ist umso bemerkenswerter, da so viel Kraft in seinen Gebeinen steckte, dass ein Mann, der nach Elisas Tod neben ihm im Grab beerdigt wurde, wieder lebendig wurde. Das ist ein Paradox, das nicht leicht zu verstehen ist. Aber man muss wirklich lange in der Bibel suchen, um einen Gläubigen zu finden, der an einer Krankheit starb. Krankheit ist nicht normal, sondern anomal. Gesundheit ist normal.

Gehen wir weiter zu Joel 2,28:

> *„Und* ***danach*** *wird es geschehen, dass ich meinen Geist ausgießen werde über alles Fleisch.“*

Es heißt hier „danach“. Wonach? Wir müssen diese Frage stellen. Wie lautet die Antwort? Nachdem wir getan haben, was Gott uns aufgetragen hat, nämlich ein Fasten zu heiligen und einen Feiertag auszurufen. Dreimal sagt Gott: „Sucht mich mit ganzem Herzen mit Gebet und Fasten." Dann sagt er: „Und **danach** wird es geschehen, dass ich meinen Geist ausgießen werde über alles Fleisch."

Ich bin mir dessen bewusst, dass der Apostel Petrus, als er diesen Vers im Neuen Testament zitierte, statt „danach" „in den letzten Tagen" sagte. Doch obwohl das Zitat des Petrus vom Heiligen Geist inspiriert war, erklärte es diese Wahrheit aus Joel nicht für null und nichtig. Und wenn wir in die letzten Tage kommen, ist es Joel, der **die** Botschaft hat. Gott fordert uns auf, ein Fasten zu heiligen, uns zu versammeln und ihn von ganzem Herzen zu suchen. „Dann", sagt er, „werdet ihr sehen, was ich zu tun vermag."

Wir haben in den vergangenen Jahren genug von der Ausgießung des Heiligen Geistes gesehen, um zu wissen, dass die Zeit Gottes gekommen ist, aber ich glaube nicht, dass wir auch nur einen kleinen Bruchteil dessen gesehen haben, was Gott noch tun möchte.

Bruder Gerald Durston, ein Freund von mir, hat ein bemerkenswertes Buch über das Wirken Gottes unter den Mennoniten in Minnesota im Jahr 1954/55 geschrieben. Es war ein übernatürliches Wirken Gottes und diese Leute waren keine Pfingstler - alles andere als das! Unter anderem wurde in dieser Zeit das Haus von Bruder Gerald eine Woche lang von Gott in Beschlag genommen. In dieser Woche ging niemand zu Bett, stand niemand auf, aß niemand, ging niemand hinaus und kam niemand herein, es sei denn, es wurde direkt von Gott angeordnet. Mitten unter der Woche bekam ein junger Mann, der in den Dingen Gottes nicht sehr erfahren gewesen war, eine gewaltige Prophetie, in der seine eigene Persönlichkeit praktisch außer Kraft gesetzt wurde. Er sagte dabei unter anderem Folgendes (bedenken Sie, dass sich dies im Jahr 1954 zutrug): „Alles, was ihr bislang von der Ausgießung meines Geistes gesehen habt, ist wie eineinhalb Tropfen in einem 10-Liter-Eimer." Nun, vielleicht haben wir in der Zwischenzeit schon einen halben Liter gesehen. Aber der Großteil der Ausgießung steht uns noch bevor und wartet darauf, dass wir die Bedingungen Gottes erfüllen.

Gehen wir nun zu Jesaja 58, dem großen alttestamentlichen Kapitel über das Fasten. In diesem Kapitel finden wir zwei Beschreibungen von Fasten - ein vor Gott akzeptables und ein vor Gott nicht akzeptables Fasten. Ich möchte dazu sagen: Es gibt nichts, das uns automatisch die Resultate bescheren würde, die wir benötigen. Gott hat keine Tricks und keine Allheilmittel. Es ist eben nicht so, dass eine Sache, die er verfügt, ein Ersatz für eine andere Sache wäre, die er verfügt. Fasten ist kein Ersatz für Buße. Fasten ist kein Ersatz fürs Bibellesen, kein

Ersatz für irgendetwas anderes, was im Rahmen göttlicher Disziplin verlangt wird. Andererseits ist auch nichts anderes, was im Rahmen göttlicher Disziplin von uns verlangt wird, ein Ersatz für Fasten.

Paulus betete für die Philipper, sie mögen vollkommen und **ganz** im ganzen Willen Gottes sein. Mit anderen Worten: Jeder Bereich ihres Lebens musste in vollkommene Übereinstimmung mit Gottes Willen gebracht werden. Und ein Bereich, den der Wille Gottes berührt, ist dieser Bereich Fasten. Ihr Leben ist nicht in vollkommener Übereinstimmung mit dem Willen Gottes, solange Sie Gottes Bedingungen in punkto Fasten nicht erfüllen. Sie können fasten und dabei die anderen Bedingungen missachten, doch selbst wenn Sie die anderen Bedingungen erfüllen, sind Sie ohne Fasten nicht vollständig.

Gott sagt also in Jesaja 58,1:

> *„Rufe aus voller Kehle, halte nicht zurück! Erhebe deine Stimme wie ein Horn und verkünde meinem Volk sein Vergehen..."*

Richtiges und falsches Fasten

Dann werden Menschen beschrieben, die Gott täglich suchen und fasten, doch er erhört sie nicht. Sie sind traurig und erbost darüber und sagen: „Gott, wir fasten, doch du erhörst uns nicht! Woran liegt das?" Dann erklärt ihnen Gott, warum er ihr Fasten nicht akzeptiert.

Im Grunde werden drei Gründe dafür genannt:

1. Falsche Motive
2. Falsche Haltung
3. Ihr Fasten ist ein bloßes religiöses Ritual, ohne dass ihr Herz innerlich mitmacht.

Vers 3:

„Warum fasten wir, und du siehst es nicht, demütigen wir uns, und du merkst es nicht? [Gott antwortet:] *Siehe, am Tag eures Fastens geht ihr euren Geschäften nach und drängt alle eure Arbeiter."*

Das heißt: „Ihr seid immer noch schwer beschäftigt und geht eurer Geldgier und Habsucht nach und stillt euren persönlichen Ehrgeiz. Ihr sondert euch nicht ab. Ihr demütigt euch nicht wirklich vor Gott."

Dann sagt er in Vers 4:

„Siehe, zu Streit und Zank fastet ihr und, um mit gottloser Faust zu schlagen."

„Ihr seid immer noch voller Groll und Zorn und Bitterkeit in euren Beziehungen zu anderen Leuten."

Vers 5:

> *„Seinen Kopf zu beugen wie eine Binse und sich in Sacktuch und Asche zu betten? Nennst du das ein Fasten und einen dem Herrn wohlgefälligen Tag?"*

Ich weiß nicht, ob Sie schon einmal Vertreter bestimmter Splittergruppen der orthodoxen Juden gesehen haben, die beim Beten auf einem Stuhl sitzen und auswendig hebräische Gebete aufsagen, deren Bedeutung sie nicht verstehen? Während sie sie mit monotoner Stimme aufsagen, wiegen sie sich mit dem Oberkörper vor und zurück, gerade so wie eine Binse, die sich im Wind wiegt. Und Gott sagt: „Damit erreichst du bei mir überhaupt nichts. Ich will keine leeren Rituale. Ich will eine Reaktion deines Herzens."

Nachdem Gott nun erklärt hat, warum diese Art zu fasten inakzeptabel ist, beschreibt er im Folgenden die Art Fasten, die für ihn akzeptabel ist. Im Wesentlichen geht es dabei um die Motive, um die Beweggründe. Und Gott verlangt, was Ihre Beweggründe betrifft, in erster Linie etwas, das man als „Selbstlosigkeit" bezeichnen könnte.

Wir lesen in Vers 6:

> *„Ist nicht vielmehr das ein Fasten, an dem ich Gefallen habe: Ungerechte Fesseln zu lösen, die Knoten des Joches zu öffnen, gewalttätig Behandelte als Freie zu entlassen und dass ihr je-*

des Joch zerbrecht?"

Ich denke, es sollte beim Fasten unser Beweggrund sein, Gefangene in Freiheit zu führen, jene zu befreien, die gebunden sind und niedergedrückt sind durch ein schweres Joch der Sünde und dämonischer Gebundenheit und satanischer Knechtschaft. Und obwohl ich seit über zehn Jahren im Befreiungsdienst stehe und erlebt habe, wie Tausende Menschen befreit wurden, bin ich absolut davon überzeugt, dass es im Leib Christi viele Menschen gibt, die nicht befreit werden, solange der Leib Christi nicht seine Verantwortung ergreift und für deren Befreiung fastet und betet. Wir sind füreinander verantwortlich. Wir sind Glieder. Wenn ein Glied leidet, leiden die anderen Glieder mit ihm. Es reicht nicht, dass es mir gut geht, dass ich gesund und frei bin. Was ist mit denen, die es nicht sind? Es ist meine Verantwortung, für sie zu fasten und zu beten.

Ich frage mich, wie oft wir wirklich selbstlos beten. Ich möchte Ihnen ein Beispiel dafür geben: Im Jahr 1953 war ich Pastor einer Gemeinde in London. Es war keine große Gemeinde, aber es waren engagierte, hingegebene Christen. Aus verlässlicher Quelle hörte ich, Joseph Stalin, der damals der uneingeschränkte Herrscher der Sowjetunion war, plane die systematische Verfolgung und Vernichtung der Juden Russlands. Und irgendwie war es so, als würde mir Gott die Verantwortung für die russischen Juden hinhalten. Ich bin weder Jude noch Russe -

ich war nicht in Gefahr, aber ich hatte in Römer 11 gelesen, dass dem jüdischen Volk keine Barmherzigkeit widerfahren sei, damit es durch unsere Barmherzigkeit gläubig würde, dass wir dem natürlichen Israel gegenüber eine Verpflichtung haben.

Es schien mir, als würde Gott mich bitten, mich für die leidenden Russen in der Sowjetunion einzusetzen. Wir hatten Kontakt zu zwei oder drei anderen Gruppierungen, die viel vom Fasten und Beten hielten.

Wir vereinbarten, einen konkreten Tag zu reservieren, an dem wir in London für die Juden in Russland fasten und beten würden. Es war, glaube ich, ein Donnerstag. Wir trafen uns und wir beteten. Es gab keine dramatische Demonstration. Wir beteten einfach nur. Wissen Sie, was geschah? Zwei Wochen später war Stalin tot und mit seinem Tod änderte sich die gesamte russische Politik.

Als ich das in einem meiner Bücher veröffentlichte, bekam ich aus zwei verschiedenen Quellen zwei Briefe von Juden, die mir erzählten, sie wüssten aus verlässlicher Quelle, dass Stalin an einem Herzanfall starb, während er die Liquidierung der russischen Juden plante. Wissen Sie, dass einem die Macht des Gebets manchmal Angst einflößen kann?

In Apostelgeschichte 12 lesen wir, dass Herodes sein Schwert zückte, Jakobus tötete und vorhatte, auch Petrus zu töten; da erkannte die Gemeinde, dass sie sich in einer Krise befindet. Sie suchten Gott in ernsthaftem Gebet; etwas später hielt Herodes eine Rede. Das Volk applaudierte ihm und sagte, er sei ein Gott. Dann heißt es, der Engel Gottes schlug ihn und er sei von Würmern gefressen worden und starb. Es kann einem manchmal wirklich fast Angst einflößen, wenn wir uns vor Augen führen, welche Macht unser Gebet hat.

Noch ein weiteres Beispiel: Vor fünf oder sechs Jahren diente ich regelmäßig in Chicago in einer Gemeinde namens „Faith Tabernacle". An der Straßenecke neben dem Gebäude war ein Schnapsladen, wo insgeheim auch mit Drogen gehandelt wurde. Es war ein übler Ort, direkt neben dem Gemeindehaus.

Während einer Gebetsveranstaltung in dieser Gemeinde hörte ich mich selbst auf einmal sagen - aus dem Nichts heraus, ohne dass ich es mir vorher überlegt hätte: „Ich verfluche diesen Schnapsladen." Etwa einen Monat später erhielt ich mitten in der Nacht - es war gegen zwei Uhr - einen Anruf. Ich wohnte damals außerhalb von Chicago. Es war jemand von der Gemeinde am Apparat und sagte: „Bruder Prince, das Gemeindehaus brennt ab! Möchtest du herkommen?" Ich sagte: „Nun, wenn es niederbrennt, warum soll ich dann noch kommen." Ich dachte, das könnte den anderen gegenüber etwas zu nachlässig wirken, also stand ich auf und fuhr nach Chicago zum Gemeindehaus. Wissen Sie, was geschehen war?

Der Schnapsladen an der Ecke hatte zu brennen begonnen und brannte lichterloh; er war restlos zerstört. Der Wind wehte vom See her in Richtung des Gemeindehauses, doch als die Flammen auf das Gemeindehaus überzugreifen drohten, drehte der Wind um 180 Grad und drückte die Flammen in die entgegengesetzte Richtung. Das einzige, was dem Gemeindehaus widerfuhr, war, dass es dort nach Rauch roch, doch es wurde vom Feuer nicht berührt.

Der Chef der Chicagoer Feuerwehr kam zu einem Ältesten der Gemeinde und sagte zu ihm, nachdem er gesehen hatte, was geschehen war: „Herr Carlson, Sie müssen schon eine ganz besondere Beziehung mit dem da oben haben!“ Ich wünschte, wir würden verstehen, welche Kraft hinter unserem Gebet steckt und dann genau darauf achten, wie wir es einsetzen!

Zurück zu Jesaja 58,7. Wir lesen über das Fasten, das vor Gott akzeptabel ist:

> *„Besteht es nicht darin, dein Brot dem Hungrigen zu brechen und dass du heimatlose Elende ins Haus führst? Wenn du einen Nackten siehst, dass du ihn bedeckst und dass du dich deinem Nächsten nicht entziehst?“*

Ich halte nichts davon, diese Worte zu vergeistlichen. Ich glaube, Gott verlangt von uns, dass wir uns um die Witwen und Waisen kümmern, um die, die nichts zum

Anziehen haben, um die, die niemand will und um die sich niemand kümmert. Ich glaube, dass unser geistliches Leben an Gültigkeit verliert, wenn wir in selbstsüchtiger Weise die Nöte der Menschen um uns herum missachten. Das ist eine elementare Bedingung - nicht nur für das Fasten, sondern für Gebet in jeder Form, das von Gott erhört werden soll.

Manchmal sage ich: „Wir stellen uns den Leib Christi so oft wie einen sozialen Klub der Mittelklasse vor. Die Leute treffen sich, um sich am Sonntagvormittag an der Gemeinschaft miteinander zu erfreuen." Doch wenn die Not in ihrer krassen, rohen Form hereinkommt - sei es geistliche oder physische Not - sind wir etwas schockiert und erbost darüber, dass etwas derart Unattraktives seinen Weg in die Gemeinde findet!

Sehen wir uns nun noch eine weitere Bedingung für ein vor Gott annehmbares Fasten an, die wir in Vers 9 und 10 finden. Danach werden wir ein Fazit ziehen. Lesen wir diese Verse:

> *„Wenn du aus deiner Mitte fortschaffst das Joch, das Fingerausstrecken und böses Reden und wenn du dem Hungrigen dein Brot darreichst..."*

Die Bedingung lautet erneut, dass wir jenen selbstlos helfen, die unsere Hilfe brauchen.

Gott sagt also, wir sollen das Joch wegnehmen, das

Fingerausstrecken und böses oder nichtiges Reden. Man kann das ganz einfach so erklären: Das Joch ist Gesetzlichkeit. Man stellt alle möglichen menschlichen Regeln und Gesetze auf, was die Menschen tun müssen, um angenommen zu sein. Ich stelle fest, dass jede Gruppierung ihre eigene Liste mit Regeln und Gesetzen hat. Und wir beurteilen die andere Gruppierung danach, ob sie sich an unsere spezielle Liste mit Regeln und Gesetzen hält oder nicht.

Ich bin lange genug Pfingstler, um die Regeln und Gesetze der Pfingstler in- und auswendig zu kennen. Sie belächeln die römisch-katholischen Traditionen, aber schon nach wenigen Jahren hat jede Gemeinde ihre eigenen religiösen Traditionen.

Ich predigte einmal zwei Wochen lang in einer Bibelschule in Kopenhagen. Ich musste von meiner Unterkunft die Straßenbahn nehmen und von der Haltestelle zur Gemeinde gehen. An der Haltestelle stand eine große Statue von Bischof Absalom, einem Bischof aus der Geschichte der Lutheraner, der ein mächtiges Schwert schwang. Ich dachte damals öfter über Bischof Absalom nach.

Ich predigte eines Tages vor den Pfingstlern dieser Gemeinde, ja ich bin noch heute der Missionar dieser Gemeinde. Ich sagte zu ihnen: „Christsein besteht nicht darin, was man nicht tut. Die Dinge, die du nicht tust, machen dich nicht zum Christen. Ihr habt eure eigenen Regeln: Kein Alkohol. Nicht rauchen. Nicht fluchen. Nicht tanzen. Nicht ins Kino gehen.“ Ich sagte zu ihnen: „Ich möchte euch etwas über Bischof Absalom sagen. Hört gut zu: Er raucht nicht. Er trinkt keinen Alkohol. Er tanzt nicht. Er flucht nicht und er geht nicht ins Kino, aber er ist kein Christ, weil er kein Leben hat. Du bist nicht Christ wegen der Dinge, die du nicht tust!“

Als Soldat in der Armee habe ich Folgendes festgestellt. Man fragt einen Unbekehrten: „Bist du Christ?“ Die Antwort lautet: „Ich tue dies nicht und ich tue jenes nicht...“ Und dann zählt jeder auf, was er nicht tun will. Jeder hat seine eigene kleine Liste mit Dingen und wenn er für sich diese Gebote hält, liegt er richtig.

Es ist die Gesetzlichkeit, die große Barrieren zwischen Christen aufrichtet. Man empört sich darüber, dass die anderen ins Kino gehen. Ich muss schmunzeln, wenn ich darüber nachdenke. Wir durften als Pfingstler nie ins Kino gehen. Das war Sünde. Ich komme, ehrlich gesagt, auch gut ohne Kino aus. Ich war früher so oft im Kino, dass es mir jetzt nicht abgeht. Damals war es jedenfalls Sünde. Doch nachdem dieses Gesetz erlassen worden war, kam das Fernsehen auf. Es war also Sünde, ins Kino zu gehen. Doch genau denselben Film gibt es jetzt bei Ihnen zu Hause im Fernsehen, und dann ist es in Ordnung. Was ist das? Heuchelei und Schwindel. Wenn es da draußen schlecht ist, dann ist es in Ihren eigenen vier Wänden noch zehnmal schlechter. Ich predige nicht gegen das Fernsehen, sondern weise lediglich darauf hin, dass man nicht nach menschlichen Regeln und Gesetzen lebt. Jesus sagte, der Mensch solle nicht nach menschlichen Regeln leben, sondern von jedem Wort, das aus dem Mund des Herrn kommt.

So viel zum Joch. Was ist mit Fingerausstrecken gemeint? Kritiksucht. „Schaut euch die da an. Sie hat jetzt kurze Haare." Können Sie sich vorstellen, dass wir früher in einer Zeit lebten, in der sich Frauen einer Pfingstgemeinde die Haare nicht schneiden ließen? Ich kannte ein hübsches, schwedisches Mädchen, die Tochter eines Pfingstpastors, das wunderbares Haar und eine herrliche Singstimme hatte. Eines Tages war sie in einer Gemeinde und der Pastor ging auf sie zu und zog sie an den Haaren, um zu sehen, ob sie echt sind. Wenn Sie so etwas nicht erlebt haben, haben Sie wirklich etwas verpasst! Ich bedauere es nicht. Es war eine Schule, die ich nie vergessen werde. Aber ich sage Ihnen auch, dass ich nie wieder zu diesem Unsinn zurückkehren werde. Einmal ist genug.

Dann heißt es hier noch „böses Reden" oder „nichtiges Reden". Nichtiges Reden ist Unaufrichtigkeit. „Gott segne dich, Pastor, das war eine gute Predigt. Sie hat uns gefallen." Und zu Hause erklären Sie am Mittagstisch Ihrer ganzen Familie zehn Minuten lang, warum es eine lausige Predigt war. Und dann weisen Sie weitere zehn

Minuten lang auf alle Sünden aller Gemeindemitglieder hin. Und Ihr kleiner Junge, der das alles mitbekommt, sagt zehn Jahre später zu Ihnen: „Papa, ich will nicht mehr in die Gemeinde gehen." Sie fragen sich, warum, doch Sie selbst waren es, der seinen Glauben an die Dinge zerstört hat, für die Sie ihn interessieren wollten.

Die Auswirkungen rechten Fastens

Wie wirkt sich nun das von Gott verfügte Fasten aus? Das ist wirklich aufregend. Ich möchte nachfolgend einige Auswirkungen aufzählen. Ich sage nicht, dass es alle sind, aber es sind genügend, um Sie für rechtes Fasten zu interessieren.

Wir beginnen mit Jesaja 58,8:

„Dann wird dein Licht hervorbrechen wie die Morgenröte, und deine Heilung wird schnell sprossen. Deine Gerechtigkeit wird vor dir herziehen, die Herrlichkeit des Herrn wird deine Nachhut sein."

Haben Sie diese vier wunderbaren Worte registriert: **Licht, Heilung, Gerechtigkeit und Herrlichkeit**? Sie alle sind einem Fasten verheißen, das die Bedingungen Gottes erfüllt.

Es heißt in Maleachi 3,20:

„Aber euch, die ihr meinen Namen fürchtet,

wird die Sonne der Gerechtigkeit aufgehen, und Heilung ist unter ihren Flügeln."

Das ist fast genau dasselbe: **Licht, Gerechtigkeit, Heilung und Herrlichkeit**.

Dann die fünfte Auswirkung in Jesaja 58,9 - Gebetserhörung:

„Dann wirst du rufen, und der Herr wird antworten. Du wirst um Hilfe schreien, und er wird sagen: Hier bin ich!"

Gott steht für Sie bereit.

Die **sechste Auswirkung** in Vers 11: **kontinuierliche Führung**:

„Und beständig wird der Herr dich leiten..."

Die **siebte Auswirkung**: **Befriedigung bzw. Sättigung**:

„...und er wird deine Seele sättigen an Orten der Dürre und deine Gebeine stärken."

Sind Sie ständig gesättigt und zufrieden und befriedigt? Ich kann für mich sagen: Ja! Dank sei Gott dafür. Er sättigt mich kontinuierlich. Ich sage Ihnen eins: Wenn Sie als Christ im Herrn keine Befriedigung und Sättigung finden - und ich meine echte, tiefe Befriedigung -, dann werden Sie früher oder später woanders danach suchen.

Die **achte Auswirkung**: **Erquickung**:

„Dann wirst du sein wie ein bewässerter Garten und wie ein Wasserquell, dessen Wasser nicht versiegen."

Andere Menschen um Sie herum trocknen aus, doch Ihr Wasser wird nie versiegen.

Die **neunte Auswirkung - ein bleibendes Werk** in Vers 12:

„Und die von dir kommen, werden die uralten Trümmerstätten aufbauen; die Grundmauern vergangener Generationen wirst du aufrichten."

Ihr Werk wird viele Generationen lang Bestand haben. Ich bin kein Experte in Kirchengeschichte, doch soweit ich es beurteilen kann, waren alle Menschen in der Kirchengeschichte, die einen Dienst hatten oder ein Werk taten, dessen Frucht dauerhaft war und Bestand hatte, Menschen, die fasteten. Ich finde für dieses Prinzip keine Ausnahme. Das ist Bedingung für ein dauerhaftes Werk.

Die **zehnte Auswirkung** in Vers 12:

„Und du wirst genannt werden: Vermaurer von Breschen, Wiederhersteller von Straßen zum Wohnen."

Wiederherstellung ist die Folge von Fasten.

Beispiele aus der Geschichte Israels

Sehen wir uns abschließend noch einige Beispiele aus der Geschichte des Volkes Gottes an.

Ich möchte Sie daran erinnern, dass es eine Phase der Wiederherstellung nach der Zeit in Babylon gab. In vier Büchern des Alten Testaments geht es um diese Wiederherstellung - Daniel, Esra, Nehemia und Ester. Jede dieser Personen, die Anteil an der Wiederherstellung des Volkes Gottes hatte, war jemand, der fastete und betete. Daniel, Esra, Nehemia und Ester sagen von sich selbst, dass sie fasteten. Ich glaube, dass Fasten eine wesentliche Voraussetzung für Wiederherstellung ist. Wenn wir uns auf diese Weise demütigen und selbst ganz leer werden, lässt Gott seine Verheißungen von Wiederherstellung wahr werden.

Sehen wir uns noch ein Beispiel aus 2. Chronik 20 an: die Geschichte Joschafats, des Königs von Juda. Sein Land wurde vom Osten her von einer großen, fremden Armee überfallen, die sich vorgenommen hatte, ihn und sein Volk zu vernichten.

> *„Und man kam und berichtete Joschafat: Eine große Menge ist gegen dich gekommen von jenseits des Meeres, von Aram.“* *(Vers 2)*

Joschafat wusste, dass er nicht die Leute und die Waffen hatte, um dieser Invasion zu trotzen.

Was daraus folgt, hat modellhaften Charakter. Ich möchte Ihnen die verschiedenen Schritte aufzeigen, die daraus resultierten, da sie allesamt ein Modell für uns heute sind.

Joschafats erste Reaktion finden wir in Vers 3:

„Da fürchtete sich Joschafat und richtete sein Angesicht darauf, den Herrn zu suchen. Und er rief ein Fasten aus in ganz Juda."

Der Führer des Landes ruft ein landesweites Fasten aus.

Der nächste Schritt in Vers 4:

„Und Juda versammelte sich, um von dem Herrn Hilfe zu suchen."

Ich sagte es schon: Wenn ein kollektives Fasten anberaumt ist, verlangt Gott, dass sich sein Volk versammelt. Ich zweifle nicht daran, dass zwischen den verschiedenen Städten und Gemeinden Judas Konkurrenz und Rivalität herrschte, doch unter dem Druck der Bedrohung, die ihnen allen galt, vergaßen sie ihre Eifersucht und ihre Querelen und kamen gemeinsam als ein Volk zusammen, um den Herrn zu suchen. Das ist ganz grundlegend.

Dann spricht Joschafat in den Versen 6 bis 13 ein Gebet zum Herrn. Es ist ein sehr biblisches Gebet, in dem er Gott an die Geschichte und den Hintergrund seines Volkes erinnert, an sein Wirken an ihnen und seinen Bund mit ihnen. Wenn Sie ein vollmächtiges Gebet sprechen möchten, muss es ein auf der Schrift beruhendes Gebet sein. Joschafat kannte die Geschichte und die Schrift.

Sein Gebet kommt zu folgendem Schluss. Vers 12:

> *„Unser Gott, willst du sie nicht richten? Denn in uns ist keine Kraft vor dieser großen Menge, die gegen uns kommt. Wir erkennen nicht, was wir tun sollen, sondern auf dich sind unsere Augen gerichtet."*

An diesen Punkt müssen wir kommen: „**Wir** haben nicht die Kraft. **Wir** wissen nicht, was wir tun sollen. Wir können uns nur auf deine Gnade verlassen." Soweit müssen wir kommen. „Wir haben keine Kraft." *„Wir erkennen nicht, was wir tun sollen, sondern auf dich sind unsere Augen gerichtet."*

Als nächstes ereignete sich eine sehr dramatische und gewaltige Manifestation des Heiligen Geistes. Der Geist kam über einen Leviten namens Jahasiel, woraufhin dieser eine vollmächtige Prophetie aussprach. Gott versicherte dem Volk durch diese Prophetie, dass es nicht ihre Schlacht wäre, sondern seine. Sie würden nicht kämpfen müssen. Sie sollten am darauffolgenden Tag an einen bestimmten Ort gehen und dort würde Gott etwas gegen den Feind unternehmen.

Darauf folgten Lobpreis und Anbetung. Vers 18:

„[Als diese Prophetie kam] *...neigte sich Joschafat mit dem Gesicht zur Erde. Und ganz Juda und die Bewohner von Jerusalem fielen nieder vor dem Herrn, um den Herrn anzubeten.“*

Haben Sie das Wort „niederfallen“ bemerkt? Was wäre, wenn alle Leute in einer Veranstaltung im Gebet vor dem Herrn niederfielen? Das wäre schon dramatisch, wenn es vier- oder fünfhundert Leute wären. Aber stellen Sie sich nur vor, wenn das ganze Volk Gottes gleichzeitig vor dem Herrn niederfällt. Wir lesen so viele Worte, aber wir verarbeiten und begreifen sie nicht wirklich.

Ich muss schmunzeln, wenn die Leute in den institutionalisierten Gemeinden singen: „Alle Engel fallen auf ihr Angesicht.“ Doch sie selbst würden nicht im Traum daran denken, vor Gott auf ihr Angesicht niederzufallen. Wenn Engel niederfallen können, was ist dann mit erretteten Sündern? Können sie nicht auch niederfallen?

Ich denke, das Volk hat in dieser Situation derart stark die Heiligkeit, Kraft und Treue Gottes verspürt, dass die Menschen nicht mehr auf den Beinen bleiben konnten. Und in Demut und Anbetung fielen sie auf ihr Angesicht vor Gott nieder. Möchten Sie nicht so etwas in Ihrer Gemeinde sehen?

Vers 19:

„Und die Leviten, von den Söhnen der Kehatiter und von den Söhnen der Korachiter, standen auf, um den Herrn, den Gott Israels, zu loben mit überaus lauter Stimme. Und sie machten sich des Morgens früh auf...

Vers 21:

Und Joschafat beriet sich mit dem Volk und stellte Sänger für den Herrn auf, die Loblieder sangen in heiligem Schmuck, indem sie vor den zum Kampf Gerüsteten auszogen...“

Auf Prophetie folgt Anbetung und gemeinschaftlicher Lobpreis. Das war alles, was sie tun mussten. Ist das nicht wunderbar?! Sie mussten nicht mehr tun.

Sehen wir uns noch Vers 22 an:

„Und zu der Zeit, da sie mit Jubel und Lobgesang anfingen, legte der HERR einen Hinterhalt gegen die Söhne Ammon, Moab und die vom Gebirge Seir...

Vers 23:

Und die Söhne Ammon und Moab standen auf gegen die Bewohner des Gebirges Seir, um an ihnen den Bann zu vollstrecken und sie auszutilgen. Und als sie die Bewohner von Seir aufgerieben hatten, halfen sie, sich gegenseitig umzubringen.“

Als Gottes Volk die Angelegenheit durchgebetet hatte, kümmerte Gott sich um den Feind. Und Gott kann das wieder tun.

Ich kann Vers 24 nicht übergehen, da er für mich immer sehr dramatisch ist:

> *„Und Juda kam auf den Wachturm zur Wüste hin. Und sie sahen sich nach der Menge um, und siehe, da waren es Leichen, die auf der Erde lagen; niemand war entkommen."*

Das Volk Gottes ging hinaus und es hatte einen gewaltigen Sieg gegeben. Doch bevor der Sieg errungen wurde, gab es einen Ort, über den die eindringenden Mächte des Feindes nicht hinaus konnten - das war der Wachturm. Wissen Sie, was dieser Wachturm für mich symbolisiert? Er symbolisiert den einzelnen, engagierten Fürbitter. Habakuk sagt:

> *„Auf meinen Posten will ich treten und auf den Wall mich stellen und will spähen, um zu sehen, was Gott mit mir reden wird."*
>
> *(Habakuk 2,1)*

Vor vielen Jahren, kurz nach dem Zweiten Weltkrieg, als die Schweden von der realistischen Gefahr einer russischen Invasion bedroht waren, hatte eine Schwester aus einer schwedischen Pfingstgemeinde eines Nachts einen sehr lebhaften Traum. In diesem Traum sah sie feindliche Armeen an den Grenzen Schwedens aufmarschieren. Aber sie sah auch einen Turm, und irgendwie konnten diese Armeen diesen Turm nicht passieren. Und als sie Gott fragte, was denn dieser Turm sei, sagte er: „Das ist der Gebetsturm, den sie nicht passieren können."

Und obwohl ich glaube, dass sich Gottes Volk neu formieren und einen großen Sieg erringen wird, glaube ich, dass Gott in all den mageren Jahren einen oder zwei oder drei kostbare Heilige Gottes hatte, die Tag und Nacht ihren Stand auf dem Turm einnahmen und die eindringenden Mächte zurückhielten, bis sich der Rest des Volkes Gottes versammelt hatte. Und in den meisten Versammlungen gibt es mindestens ein halbes Dutzend solcher Heiliger Gottes. Die Gemeinde erkennt sie oft nicht. Die Menschen werden ihnen keine Orden verleihen, doch eines Tages, wenn der Lohn ausgeteilt wird, werden diese treuen Beter in der ersten Reihe stehen.

Über den Autor

Derek Prince

Derek Prince wurde 1915 als Sohn britischer Eltern in Indien geboren und erhielt seine Ausbildung an zwei der angesehensten Institutionen Englands: am Eton College und an der Universität von Cambridge. Im Alter von 24 Jahren wurde er in Cambridge zum Professor der Philosophie ernannt. Als er im 2. Weltkrieg in die Britische Armee einberufen wurde, nahm er eine Bibel mit, um sie als "ein philosophisches Werk" zu studieren. Eines nachts, als er allein auf seiner Stube war, wurde er mit der Realität Jesu Christi konfrontiert, nahm ihn als Herrn und Heiland an, und die Ausrichtung seines Lebens änderte sich von Grund auf. Seit diesem Ereignis hat Derek Prince das Wort Gottes studiert, analysiert, darüber meditiert und es gelehrt. Heute wird er als einer der führenden Bibellehrer unser Zeit international anerkannt.

Seine täglich ausgestrahlten Radiosendungen erreichen die meisten Länder der Erde, und sind unter anderem in fünf verschiedene chinesische Sprachen, auf Spanisch, Russisch, Mongolisch, Tonganisch und Arabisch übersetzt worden.

Sein Lehrmaterial - mehr als 40 Bücher mit Übersetzungen in über 50 Sprachen, sowie etwa 400 Audio- und 150 Videokassetten - legen eine Grundlage im Leben christlicher Leiter in der ganzen Welt.

Das internationale Büro von 'Derek Prince Ministries' befindet sich in Charlotte, North Carolina (USA). Darüber hinaus gibt es weitere Büros in verschiedenen Ländern und Erdteilen.

“Nachfolge konkret”

C05GE

C09GE

C06GE

C10GE

C07GE

C11GE

C20GE

C21GE

C23GE

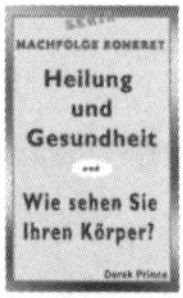

C15GE

C16GE

C22GE

C27GE

C28GE

C29GE

“... damit die Heiligen zugerüstet werden zum Werk des Dienstes.

Eine Auswahl der vielen weiteren Bücher von Derek Prince

Wir schicken Ihnen gerne unseren Gesamtkatalog kostenlos zu!

(Siehe Bestellkarte)

Biblische Lehrbotschaften von Derek Prince auf Audio und Video

Seine jahrelange Erfahrung und fundierte Bibelkenntnis gibt Derek auf den vielen vorhandenen Audio- und Video-Botschaften weiter. Tausende von Christen in der ganzen Welt bezeugen, wie wichtig diese klare, ausgeglichene Bibellehre für ihr christliches Leben ist.

Durch die Zusendung der nebenstehenden Antwortkarte können Sie:

1) Die kostenlose Audiokassette **"Wie man mit biblischer Prophetie umgeht"** bestellen.
2) Unseren kostenlosen Gesamtkatalog bzw. weitere Informationen über den Dienst von Derek Prince erhalten.

C56GE

Die **kostenlose** Ergänzung zu diesem Buch auf Kassette...

Wie man mit biblischer Prophetie umgeht

In dieser Botschaft, gibt uns Derek Prince einige Schlüssel in die Hand, die uns helfen, biblische Prophetie besser zu verstehen und unsere Gebete dementsprechend gezielter und effektiver einzusetzen.

☐ Ja, ich hätte gerne kostenlos die Audiokassette **"Wie man mit biblischer Prophetie umgeht"**

(Eine Spende zur Deckung der Kosten ist wilkommen, aber ***nicht*** notwendig)

C56GE Prophetische Sicht... (4385GE)

Name: ____________________

Straße: ____________________

PLZ/Ort: ____________________

Tel. / Fax: ____________________

Karte einfach abtrennen, frankieren und uns <u>per Post</u> zuschicken.
Entsprechende IBL-Anschrift sowie Ihren Namen und Ihre Anschrift bitte nicht vergessen.

IBL-Deutschland
Schwarzauer Str. 56
D-83308 Trostberg

IBL-Österreich
Kaiserallee 8
A-2100 Korneuburg

IBL-Schweiz
Bachstr. 1
CH-8952 Schlieren

Bitte übersenden Sie mir:

☐ den deutschen Gesamtkatalog

☐ den englischen Gesamtkatalog (EURO 3,00)

☐ Informationen über Material in der/den folgenden Fremdsprache(n):

☐ Ihren aktuellen Missionsbrief

Ihre aktuelle

☐ Update-Kassette ☐ Kassette des Monats

auf

☐ Deutsch ☐ Englisch

zum Kennenlernen.

(Preis je Kassette CHFR 8,95; EURO 4,95 zuzügl. Porto)

Ich möchte für Derek und den Dienst des IBL beten:

☐ Bitte senden Sie mir regelmäßig Ihre Gebetsrundbriefe zu!

Bitte
ausreichend
frankieren

A N T W O R T

IBL - ______________________

____

____

(IBL-Anschriften siehe links)